978-3-8310-3395-9

978-3-8310-3396-6

978-3-8310-3548-9

978-3-8310-3397-3

978-3-8310-3549-6

978-3-8310-3399-7

978-3-8310-3398-0

978-3-8310-3550-2

978-3-8310-3400-0

978-3-8310-3401-7

978-3-8310-3402-4

978-3-8310-3403-1

978-3-8310-3404-8

978-3-8310-3405-5

978-3-8310-3406-2

978-3-8310-3407-9

978-3-8310-3408-6

978-3-8310-3551-9

978-3-8310-3552-6

978-3-8310-3409-3

memo Wissen entdecken

Chemische Elemente

Silber, Schwefel, Kohlenstoff

DK

Stalaktiten sind Ablagerungen aus Calciumcarbonat.

Feingold, hergestellt im Labor

Text Adrian Dingle
Fachliche Beratung John Gillespie

Lektorat Rupa Rao, Charvi Arora, Kingshuk Ghoshal, Ashwin Khurana, Francesca Baines, Andrew Macintyre, Liz Wheeler, Jonathan Metcalf
Gestaltung und Bildredaktion Pooja Pipil, Mansi Agrawal, Priyanka Bansal, Harish Aggarwal, Pawan Kumar, Syed Md Farhan, Vikram Singh, Govind Mittal, Spencer Holbrook, Liz Moore, Philip Letsu, Karen Self, Phil Ormerod, Myriam Mégharbi
Herstellung Balwant Singh, Pankaj Sharma, Andy Hilliard, Angela Graef

Für die deutsche Ausgabe:
Programmleitung Monika Schlitzer
Redaktionsleitung Martina Glöde
Projektbetreuung Susanne Menten
Herstellungsleitung Dorothee Whittaker
Herstellungskoordination Ksenia Lebedeva, Josefine Algieri
Herstellung, Cover- und Postergestaltung
Sabine Hüttenkofer, Jenny Kolbe, Stefanie Staat
Idee und Illustration Chamäleon blatteins, Andreas Mack

Titel der englischen Originalausgabe:
Periodic Table

Übersetzung Martin Kliche
Lektorat Birgit Reit
Satz Roman Bold & Black

ISBN 978-3-8310-3545-8

Druck und Bindung TBB, a.s. Slowakei

MIX
Aus verantwortungsvollen Quellen
FSC
www.fsc.org
FSC® C022120

www.dorlingkindersley.de

Reines Jod in einer Glaskugel

Reines Quecksilber bei Raumtemperatur

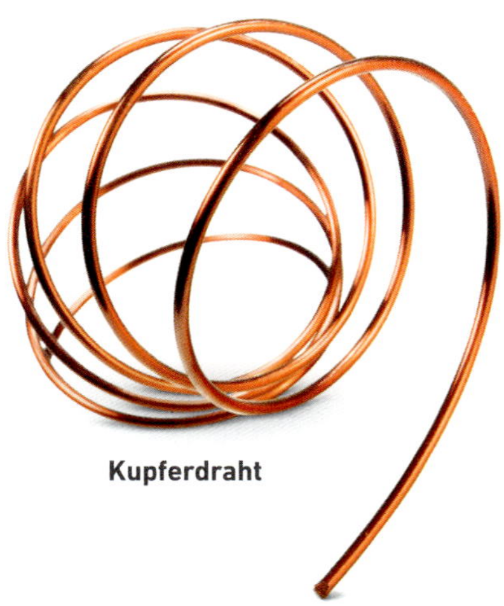

Kupferdraht

Inhalt

Der Eiffelturm in Paris besteht aus Schmiede-eisen.

Hallo!

Lass uns gemeinsam dein Lieblingsthema entdecken. Folge mir durchs Buch, denn ich hab dir ganz viel zu erzählen. Schau mal, ob du mich findest!

Was ist ein Element?

Ein Element ist eine Substanz, die sich chemisch nicht in kleinere Teilchen spalten lässt. Jedes Element besteht aus einzigartigen Bausteinen, den Atomen: Das Element Kohlenstoff enthält zum Beispiel nur Kohlenstoffatome. Bis heute sind 118 Elemente bekannt und die meisten von ihnen, wie Sauerstoff und Gold, kommen ganz natürlich auf der Erde vor. Viele Elemente sind lebenswichtig wie Calcium, das Knochen stärkt, oder Wasserstoff, der sehr weit verbreitet ist.

Der französische Chemiker Antoine Lavoisier

← Frühe Vorstellung

Die alten Griechen glaubten, die Welt bestehe nur aus vier Elementen – Erde, Wasser, Feuer und Luft. Im Mittelalter war die Chemie eine Mischung aus Wissenschaft und Magie. Alchemisten suchten nach dem Stein der Weisen, der Metalle wie Blei in Gold verwandeln sollte. Erste wichtige Erkenntnisse gewann die Chemie im 18. Jh. Antoine Lavoisier (1743–1794) zeigte damals, dass Schwefel ein Element ist und Wasser aus zwei Elementen besteht.

Quecksilber

Strontiumkristalle, hergestellt im Labor

Zustandsformen →

Alle Elemente existieren bei normaler Temperatur und normalem Luftdruck in einem der drei Aggregatzustände: fest, flüssig oder gasförmig. Der vierte Zustand, das Plasma, kommt nur sehr selten vor. Die meisten Elemente, mit Ausnahme einiger Gase, sind Feststoffe.

Aggregatzustand →

Elemente sind entweder fest, flüssig oder gasförmig. Sie können aber von einem Aggregatzustand in den anderen übergehen. Festes Gallium schmilzt zu einer Flüssigkeit, flüssiges Brom verdampft zu einem Gas. Dabei ändern sich nicht die Atome des Elements, sondern ihre Anordnung.

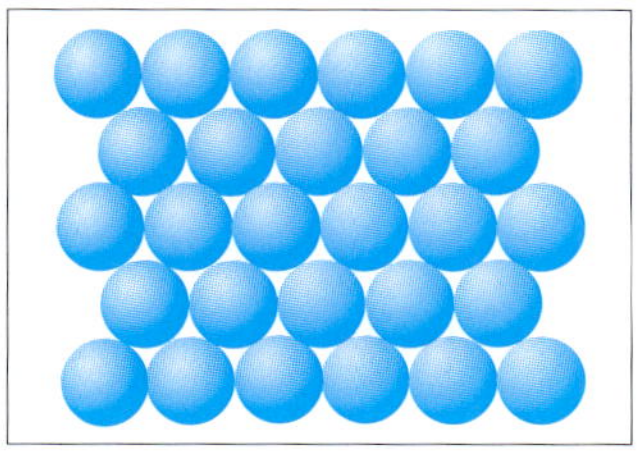

↑ Feststoff

In Feststoffen ziehen die Atome einander an und bilden regelmäßige Muster. Da sie wenig Energie haben, sind sie kaum beweglich.

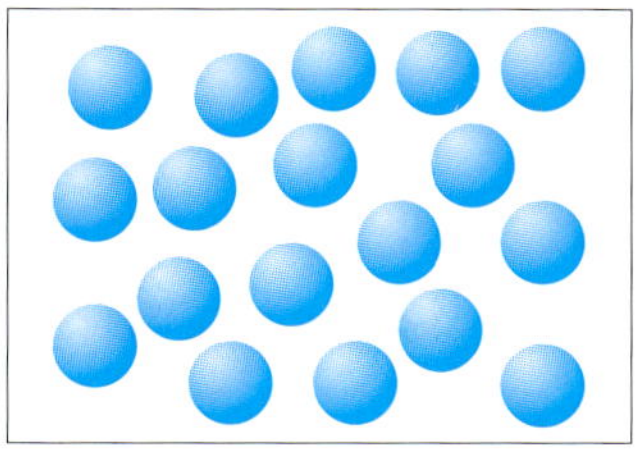

↑ Flüssigkeit

Bei Flüssigkeiten ist die Anziehungskraft zwischen den Atomen schwächer. Sie bilden kein Muster mehr und besitzen mehr Energie.

↑ Gas

In Gasen ziehen sich die Atome kaum gegenseitig an. Sie haben viel Energie und verteilen sich im ganzen zur Verfügung stehenden Raum.

Gold in Quarz

← Rohform

Elemente kommen im Reinzustand oder als Verbindung vor. Solche wie Gold, die kaum reagieren, findet man häufig im Reinzustand. Reaktionsfreudige Elemente verbinden sich leicht mit anderen Elementen. Diese Verbindungen oder Moleküle entstehen natürlich. Einzelne Elemente müssen durch chemische Prozesse herausgelöst werden.

Kochsalz (Natriumchlorid)

← Verbindungen

Elemente verbinden sich fast immer in einem bestimmten Verhältnis zu Molekülen. Im Kochsalz verbindet sich ein Natriumatom mit einem Chloratom. Ein Wassermolekül setzt sich dagegen aus zwei Wasserstoffatomen, die an ein Sauerstoffatom gebunden sind, zusammen.

Mischungen →

Sind Elemente oder Moleküle nicht miteinander verbunden, nennt man ihre Kombination eine Mischung. Eine Kombination aus Salz und Sand enthält z. B. zwei getrennte Teilchen, die chemisch nicht gebunden sind. Das Bild (rechts) zeigt eine Mischung aus Seifenschaum und Lebensmittelfarbe, die man durch einen Filter wieder trennen kann.

Reiner Wasserstoff in einer Glaskugel

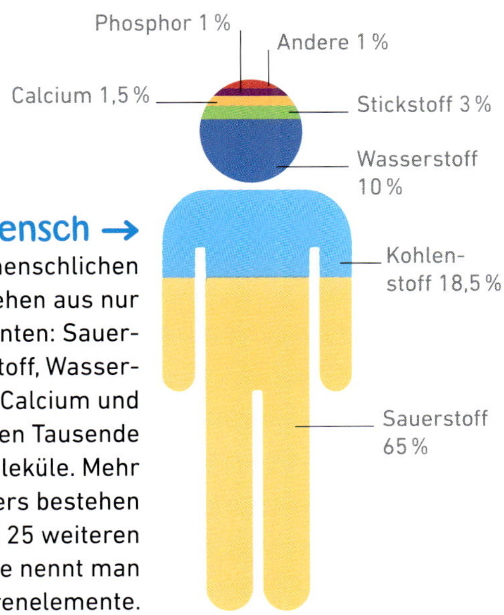

Der Mensch →

Über 99 % des menschlichen Körpers bestehen aus nur sechs Elementen: Sauerstoff, Kohlenstoff, Wasserstoff, Stickstoff, Calcium und Phosphor. Sie bilden Tausende verschiedene Moleküle. Mehr als 60 % des Körpers bestehen aus Wasser und 25 weiteren Elementen. Diese nennt man essentielle Spurenelemente.

Aufbau eines Atoms

Alles im Universum besteht aus winzigen Teilchen, den Atomen. Sie sind so klein, dass man sie mit bloßem Auge nicht sehen kann. Sie bilden die kleinsten Einheiten jedes Elements, aber Atome bestehen selbst aus noch kleineren, subatomaren Teilchen, den Protonen, Elektronen und Neutronen. Die Anzahl der Protonen in den Atomen eines Elements ist charakteristisch für das jeweilige Element.

Subatomare Teilchen →

Protonen und Neutronen bilden den Atomkern im Zentrum des Atoms. Um ihn herum kreisen die Elektronen. Protonen und Elektronen tragen entgegengesetzte Ladungen: Die Protonen sind positiv und die Elektronen negativ geladen. Neutronen tragen keine Ladung. Weil Atome immer die gleiche Anzahl an Protonen und Elektronen besitzen und Neutronen ungeladen sind, sind Atome insgesamt neutral. Protonen und Neutronen haben die gleiche Masse, während Elektronen etwa 10 000-mal kleiner sind.

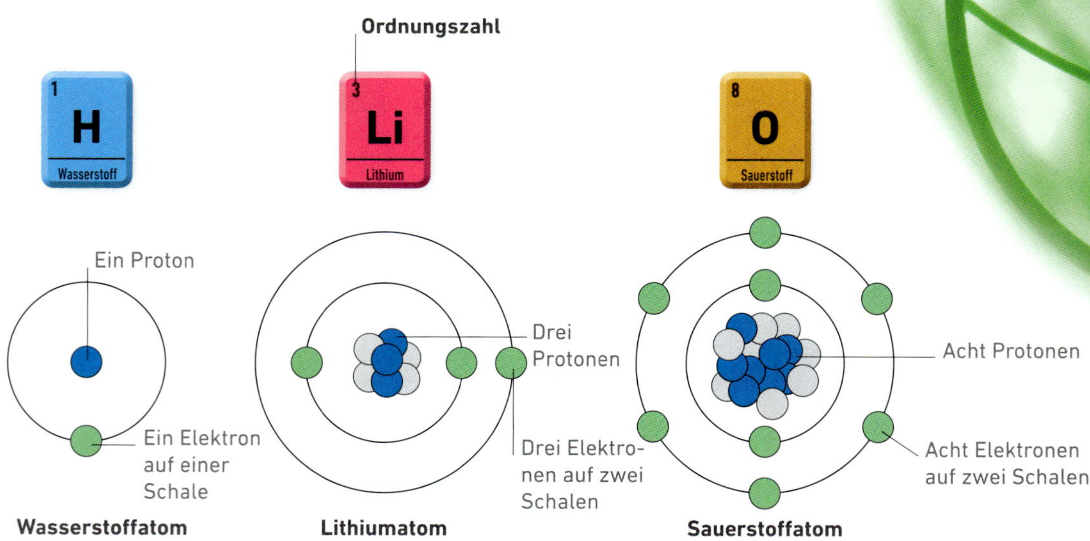

↑ Was ist die Ordnungszahl?

Die Ordnungszahl eines Elements gibt an, wie viele Protonen sich im Kern jedes seiner Atome befinden. Ein Lithiumatom (oben) hat drei Protonen und deshalb die Ordnungszahl 3. Die Elemente sind im Periodensystem nach aufsteigender Ordnungszahl sortiert. Das erste Element ist Wasserstoff: Es ist das einfachste Element mit nur einem Proton.

← John Dalton

Bereits 400 v. Chr. formulierte der griechische Philosoph Demokrit die erste Atomtheorie. Damals glaubte man, dass alle Atome aller Elemente gleich seien. Der englische Forscher John Dalton (1766–1844) veröffentlichte 1808 die bahnbrechende Theorie, dass es für alle Elemente verschiedene Teilchen (oder Atome) gibt und alle Atome eines Elements die gleiche Masse besitzen.

Gleiches Element, andere Form ↓

Während alle Atome eines bestimmten Elements die gleiche Protonenanzahl aufweisen, können sie manchmal aber unterschiedlich viele Neutronen haben. Diese Versionen des gleichen Elements – mit gleicher Anzahl Protonen, aber unterschiedlich vielen Neutronen – heißen Isotope. Von Wasserstoff (unten) existieren drei Isotope.

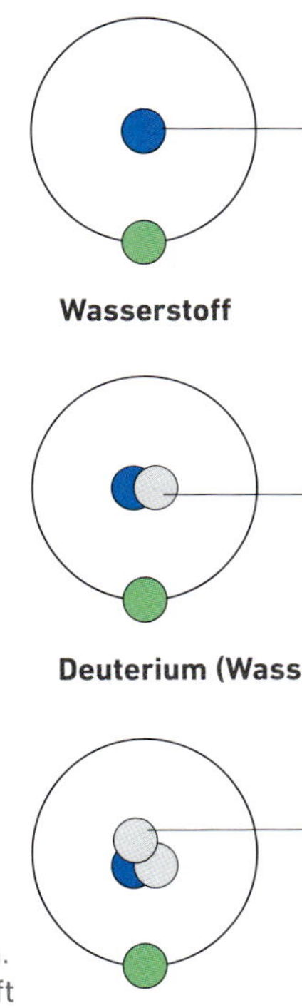

Moleküle →

Ein Molekül besteht aus zwei oder mehreren Atomen, die miteinander verbunden sind. Die Atome können alle von einem Element stammen wie beim Sauerstoffmolekül. Sie können aber auch von verschiedenen Elementen stammen wie beim Wassermolekül, das sich aus zwei Wasserstoffatomen und einem Sauerstoffatom zusammensetzt.

Das Periodensystem

Lange Zeit bevor der russische Chemiker Dmitri Mendelejew seine Anordnung der Elemente 1869 veröffentlichte, hatten viele Forscher dies bereits auch versucht. Mendelejews System war periodisch (wiederkehrend), weil die Eigenschaften der Elemente einem Muster folgten. Seine Liste war der Vorläufer des modernen Periodensystems.

Das System lesen

Das Periodensystem besteht aus Gruppen (Spalten, die von oben nach unten verlaufen) und Perioden (Reihen, die von links nach rechts verlaufen).

Gruppen →

Elemente derselben Gruppe haben gleich viele Elektronen in ihrer äußeren Schale. Die Atome der Elemente in einer Gruppe werden nach unten immer größer und schwerer. Sie haben mehr Protonen im Atomkern und mehr Elektronen in ihren Schalen.

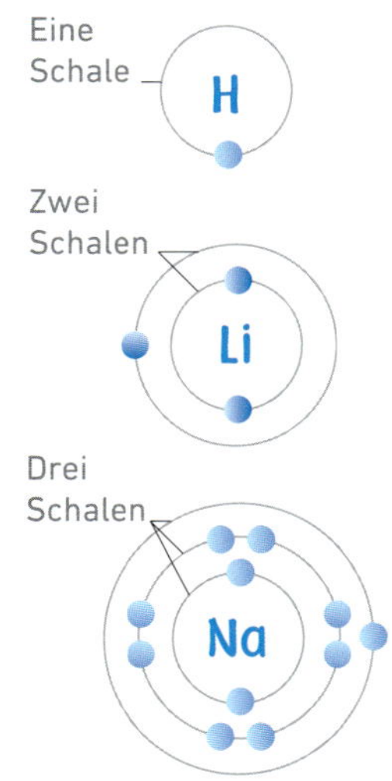

Wasserstoff
Ein Wasserstoffatom hat nur ein Elektron.

Lithium
Ein Lithiumatom hat drei Elektronen. Eins davon ist in der äußeren Schale.

Natrium
Ein Natriumatom hat elf Elektronen. Eins davon ist auf der äußeren Schale.

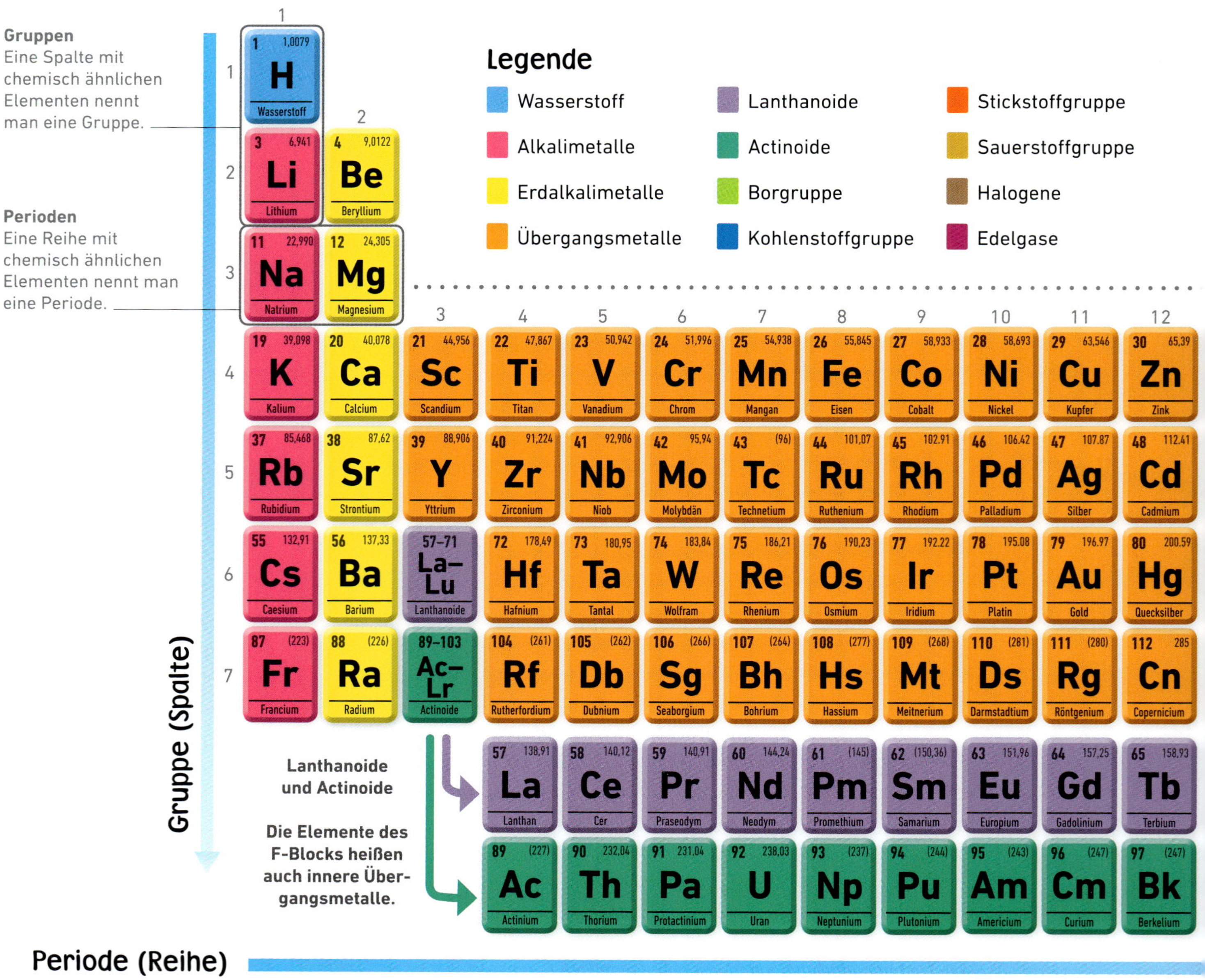

Perioden↓

Innerhalb einer Periode haben die Atome jedes Elements die gleiche Anzahl Elektronenschalen. Mit steigender Ordnungszahl hat jedes Atom ein zusätzliches Elektron. Aufgrund der unterschiedlichen Zahl von Elektronen auf der äußeren Schale hat jedes Element unterschiedliche chemische Eigenschaften.

Natrium
Ein Natriumatom hat elf Elektronen insgesamt und eines auf seiner äußeren Schale.

Magnesium
Ein Magnesiumatom hat zwölf Elektronen insgesamt und zwei auf seiner äußeren Schale.

Aluminium
Ein Aluminiumatom hat 13 Elektronen insgesamt und drei auf der äußeren Schale.

Blöcke↓

Im Periodensystem bilden Elemente größere Gruppen, die man Blöcke nennt. Drei dieser Blöcke – der S-Block, der D-Block und der F-Block – enthalten Elemente, die untereinander große Ähnlichkeiten aufweisen. Nur der P-Block umfasst sehr unterschiedliche Elemente.

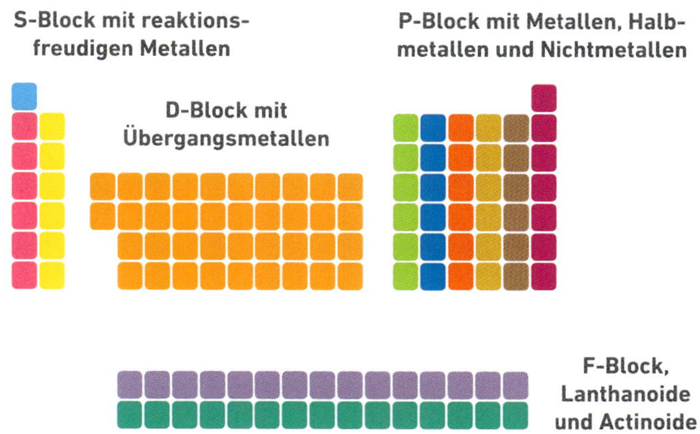

13	14	15	16	17	18
					2 4,0026 He Helium
5 10,811 B Bor	6 12,011 C Kohlenstoff	7 14,007 N Stickstoff	8 15,999 O Sauerstoff	9 18,998 F Fluor	10 20,180 Ne Neon
13 26,982 Al Aluminium	14 28,086 Si Silizium	15 30,974 P Phosphor	16 32,065 S Schwefel	17 35,453 Cl Chlor	18 39,948 Ar Argon
31 69,723 Ga Gallium	32 72,64 Ge Germanium	33 74,922 As Arsen	34 78,96 Se Selen	35 79,904 Br Brom	36 83,80 Kr Krypton
49 114,82 In Indium	50 118,71 Sn Zinn	51 121,76 Sb Antimon	52 127,60 Te Tellur	53 126,90 I Iod	54 131,29 Xe Xenon
81 204,38 Tl Thallium	82 207,2 Pb Blei	83 208,96 Bi Bismut	84 (209) Po Polonium	85 (210) At Astat	86 (222) Rn Radon
113 284 Nh Nihonium	114 289 Fl Flerovium	115 288 Mc Moscovium	116 293 Lv Livermorium	117 294 Ts Tenness	118 294 Og Oganesson
66 162,50 Dy Dysprosium	67 164,93 Ho Holmium	68 167,26 Er Erbium	69 168,93 Tm Thulium	70 173,04 Yb Ytterbium	71 174,97 Lu Lutetium
98 (251) Cf Californium	99 (252) Es Einsteinium	100 (257) Fm Fermium	101 (258) Md Mendelevium	102 (259) No Nobelium	103 (262) Lr Lawrencium

Informationen zu den Elementen↓

Jedes Element wird mit wichtigen Informationen dargestellt. Dazu zählen der Name des Elements, das Symbol, die Ordnungszahl und die Atommasse.

Ordnungszahl
Sie gibt die Anzahl der Protonen im Atomkern eines Elements an. Ein Berylliumatom hat vier Protonen, sodass seine Ordnungszahl vier beträgt.

Atommasse
Dieser Wert entspricht der durchschnittlichen Atommasse aller natürlich vorkommenden Isotope eines Elements. Von Beryllium existieren zwölf bekannte Isotope und ihre Atommasse beträgt 9,0122 u (atomare Masseneinheit).

Name
Die Elemente sind nach Menschen, Orten, ihrer Quelle und vielen anderen Dingen benannt.

Chemisches Symbol
Jedes Element hat ein Symbol aus einem oder zwei Buchstaben. Sie stellen eine Abkürzung des lateinischen Namens dar. Der erste Buchstabe wird dabei immer groß geschrieben, der zweite (sofern vorhanden) immer klein.

←Dmitri Mendelejew

Der russische Chemiker Dmitri Mendelejew (1834–1907) gilt heute als „Vater" des modernen Periodensystems. Seine ursprüngliche Anordnung sortierte die Elemente nach der Atommasse und enthielt sogar Lücken, die sehr genau die Existenz unbekannter Elemente vorhersagten. Diese wurden dann später tatsächlich entdeckt.

Elementgruppen und -serien

Im Periodensystem sind Elemente in kleinere Gruppen und Serien eingeteilt, die häufig ähnliche chemische Eigenschaften besitzen oder auf eine andere Weise miteinander in Verbindung stehen.

Wasserstoff

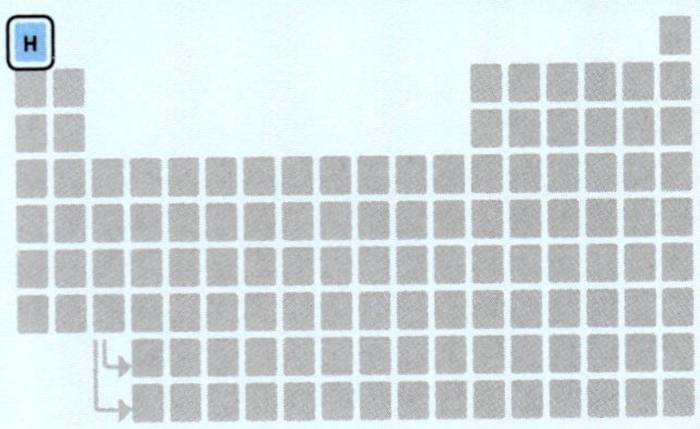

Wasserstoff ist das häufigste Element des Universums und einzigartig. Obwohl er über den Alkalimetallen steht, ist Wasserstoff ein Gas und verhält sich nicht wie diese Metalle.

Reiner Wasserstoff in einer Glaskugel

Alkalimetalle

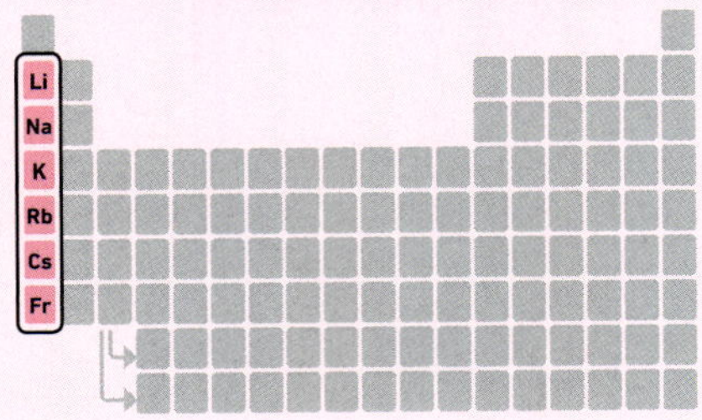

Alkalimetalle haben eine niedrige Dichte und sind so weich, dass man sie schneiden kann. Da sie heftig mit Wasser und Luft reagieren, werden sie meist in einer Schutzflüssigkeit wie Öl oder in einem luftleeren Behälter aufbewahrt.

Reines Caesium in einem luftleeren Röhrchen

Erdalkalimetalle

Erdalkalimetalle sind weniger reaktiv als die Metalle der Gruppe 1. Ihren Namen verdanken sie der Tatsache, dass viele dieser Metalle im Boden als Oxide entdeckt wurden.

Kristalle aus reinem Calcium, hergestellt im Labor

Übergangsmetalle

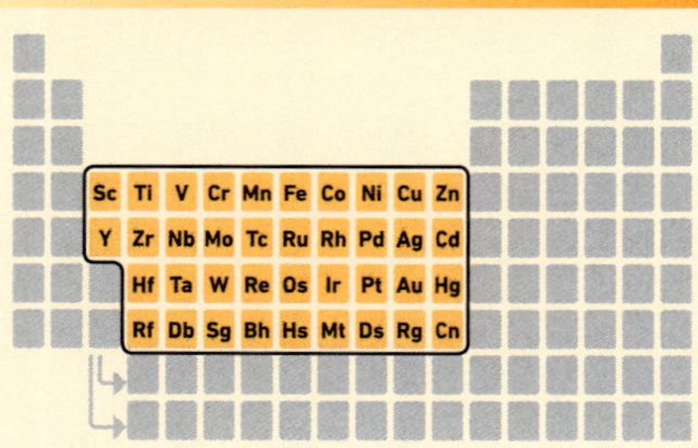

Diese Metalle bilden die größte Elementengruppe im Periodensystem. Sie haben viele gemeinsame Eigenschaften, z. B. die Fähigkeit farbige Verbindungen zu bilden. Häufig werden sie in Legierungen eingesetzt.

Laborprobe aus reinem Titan

Lanthanoide

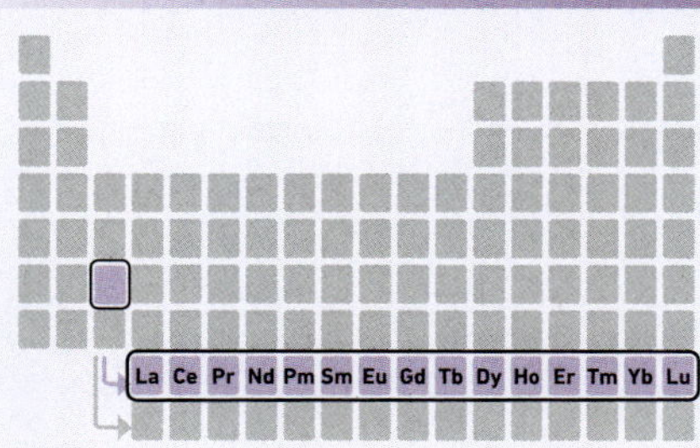

Obwohl diese Elemente früher als „seltene Erden" bezeichnet wurden, sind sie nicht sehr selten. Den Namen erhielten sie, weil man sie nur sehr schwer voneinander trennen und daher schwierig gewinnen konnte.

Laborprobe aus reinem Ytterbium

Actinoide

Die Elemente dieser Gruppe sind alle radioaktiv. Von einigen Ausnahmen abgesehen, kommen die meisten auch nicht natürlich vor. Viele Actinoide werden nur für die Forschung künstlich erzeugt.

Reines Uran

Die Borgruppe

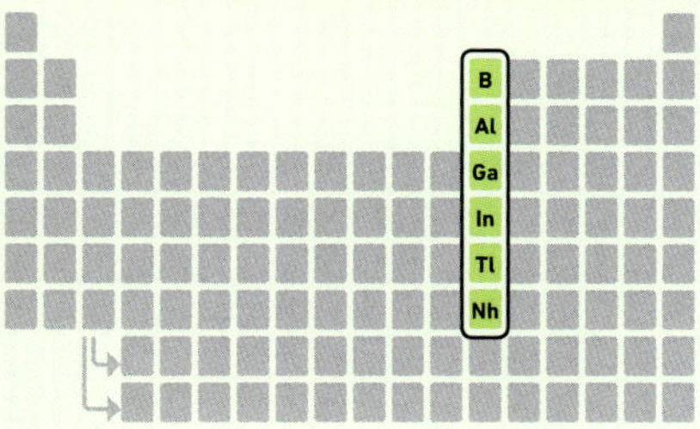

Diese Elemente sind alle nicht sehr reaktiv, sie weisen aber andere Unterschiede auf. Aluminium wird vielseitig eingesetzt, z. B. für Haushaltsfolien. Gallium ist ein flüssiges Metall und Thallium ist giftig.

Pellets aus reinem Aluminium, hergestellt im Labor

Die Kohlenstoffgruppe

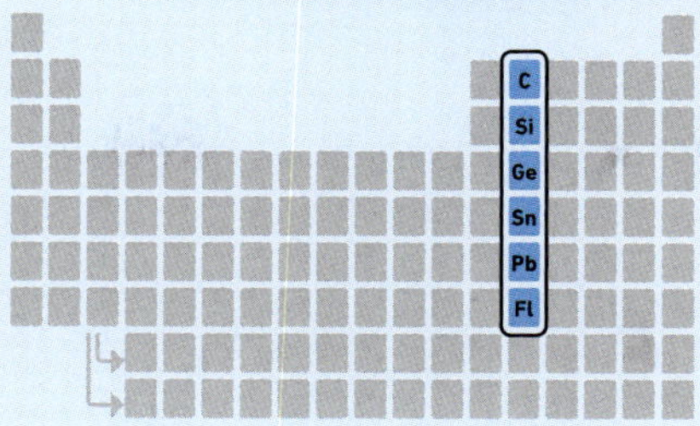

Zur Gruppe 14 gehören das Nichtmetall Kohlenstoff, die Halbmetalle Silizium und Germanium, die Metalle Zinn und Blei sowie das radioaktive Element Flerovium.

Laborprobe aus reinem Zinn

Die Stickstoffgruppe

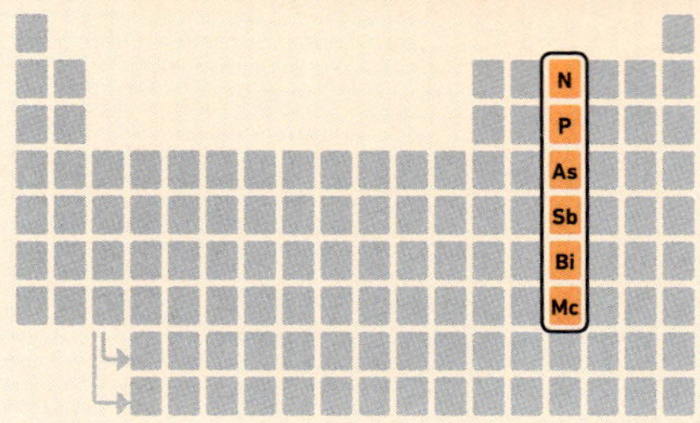

Nichtmetalle, Halbmetalle und Metalle bilden die Stickstoffgruppe. Zu ihr gehören ein Gas, einige Feststoffe und Moscovium – ein künstliches Element, dessen Eigenschaften noch unbekannt sind.

Bismutkristalle, hergestellt im Labor

Die Sauerstoffgruppe

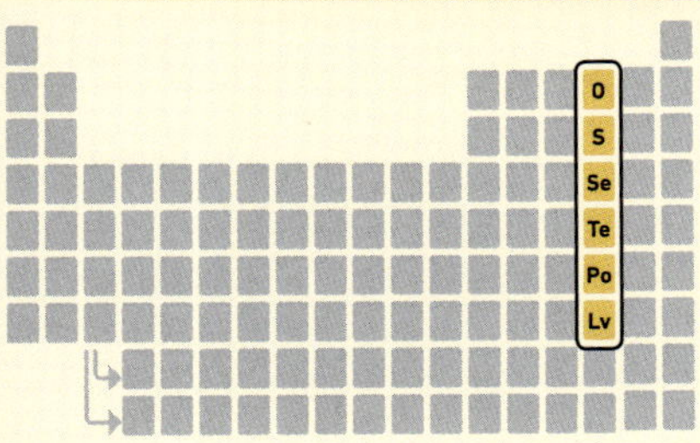

Die Elemente der Gruppe 16 sind sehr unterschiedlich. Sie umfasst zwei Nichtmetalle (Schwefel und Sauerstoff), drei Halbmetalle (Selen, Tellur und Polonium) und das relativ neue Element Livermorium.

Reines Selen, hergestellt im Labor

Halogene

Das Wort *Halogen* kommt aus dem Griechischen und bedeutet „Salzbildner“, weil alle Elemente dieser Gruppe mit Metallen leicht Salze bilden. Iod reagiert z. B. mit Kalium zu dem Salz Kaliumiodid.

Reines Brom in einer Glaskugel

Edelgase

Die farb- und geruchlosen Elemente der Gruppe 18 sind alle gasförmig und kaum reaktionsfreudig. Ihre Tendenz nicht mit anderen Elementen zu reagieren, führte zu der Bezeichnung Edelgase.

Reines Argon in einer Glaskugel

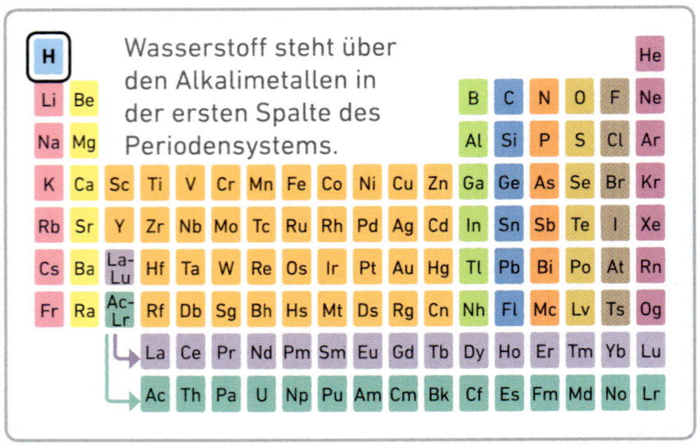

Wasserstoff steht über den Alkalimetallen in der ersten Spalte des Periodensystems.

Wasserstoff

1 H

Das erste Element des Periodensystems ist gleichzeitig das einfachste und leichteste. Obwohl es das häufigste Element im Universum ist, kann man es weder schmecken noch riechen oder sehen. Das Gas kommt in allen Sternen und Planeten vor. Riesenplaneten wie Jupiter haben eine Atmosphäre aus Wasserstoff und anderen Gasen. Auf der Erde gibt es Wasserstoff in vielen Verbindungen, z. B. im Wasser, oder auch in Reinform als ökologisch nachhaltigen Treibstoff.

Reiner Wasserstoff in dieser Glaskugel gibt ein violettes Licht ab, wenn er elektrisch angeregt wird.

Der Orionnebel enthält auch Elemente wie Eisen, Silizium, Kohlenstoff, Sauerstoff und Helium.

↑Wolken im Weltraum

Im Orionnebel, einer dichten Wolke aus heißen Gasen und Staub im Weltraum, gibt es sehr viel Wasserstoff. Innerhalb dieser Wolke entstehen neue Sterne, wenn sich Wasserstoff und andere Gase unter dem Druck der Schwerkraft zusammenziehen. Der Nebel ist etwa 1500 Lichtjahre von der Erde entfernt, sodass sein Licht die Erde erst nach 1500 Jahren erreicht.

Lebensspender→

Wasser ist für das Leben auf der Erde unverzichtbar. Ein Wassermolekül enthält zwei Wasserstoffatome und ein Sauerstoffatom. Ozeane und Seen bedecken 71 % der Erdoberfläche. Sie bilden den größten Wasserstoffvorrat der Erde.

Brennstoff der Sonne →

Die Sonne ist eine massive Kugel aus brennendem Wasserstoff. Die Quelle der Sonnenenergie ist ihr heißer, dichter Kern, in dem Wasserstoffatome zu Helium verschmelzen (Kernfusion). Mehr als 600 Tonnen Wasserstoff werden in jeder Sekunde zu Helium umgesetzt und dabei entstehen gewaltige Mengen an Wärme und Licht.

1. Dieser Tank enthält flüssigen Wasserstoff.

2. Dieser Tank enthält flüssigen Sauerstoff.

3. Die Flüssigkeiten werden in die Verbrennungskammer gepumpt.

4. In der Verbrennungskammer werden die Flüssigkeiten gemischt und gezündet. Dabei entstehen heiße Abgase.

5. Die heißen Abgase strömen durch die Düse und erzeugen dabei eine Schubkraft, die die Rakete in die Höhe treibt.

← Raketentreibstoff

Moderne Trägerraketen nutzen flüssigen Wasserstoff. Dieser verbrennt mit flüssigem Sauerstoff und erzeugt dabei extrem heiße Abgase, die durch die Düse mit viel Kraft ausströmen. Dadurch entsteht eine Schubkraft, die die Rakete nach oben treibt. Bei der Verbrennung entsteht nur Dampf, sodass Wasserstoff sehr umweltfreundlich ist.

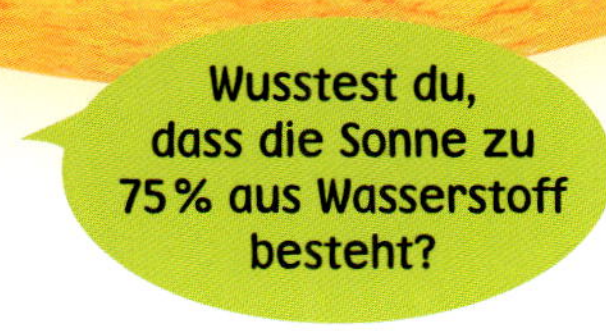

Fritz Haber auf einer Briefmarke

← Ammoniak

Ammoniak ist eine Verbindung aus Wasserstoff und Stickstoff. Es wird als Dünger zur Förderung des Pflanzenwachstums eingesetzt. Das Haber-Verfahren zur Herstellung von Ammoniak entwickelte der deutsche Chemiker Fritz Haber (1868–1934) im frühen 20. Jh. Es wird heute weltweit genutzt.

Hindenburg-Katastrophe ↓

Die deutsche *Hindenburg* war 1936 das größte Luftschiff der Welt. Sie war mit Wasserstoff gefüllt, der leicht entzündlich ist und mit extrem heißer Flamme brennt. 1937 fing die *Hindenburg* nach einem Funkenflug Feuer und der austretende Wasserstoff entzündete sich. Bei dem Unfall starben 36 Menschen.

↑ Sauberer Treibstoff

Reiner Wasserstoff ist eine saubere Energiequelle, mit der Fahrzeuge wie dieser Bus in Japan angetrieben werden. Sobald Wasserstoff in eine Brennstoffzelle (eine Art Batterie, die ständig gefüllt wird) strömt, verbindet er sich mit Luftsauerstoff. Dabei wird Strom erzeugt, der einen Elektromotor antreibt.

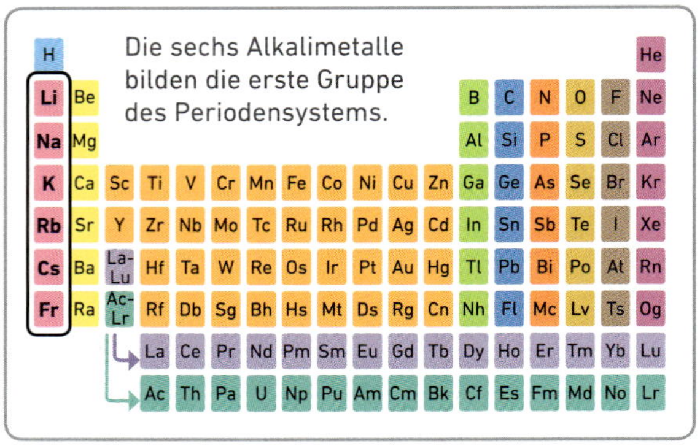

Alkalimetalle

Unter dem Wasserstoff stehen die Alkalimetalle. Diese sechs Elemente reagieren explosionsartig mit Wasser. Dabei entstehen Wasserstoff und alkalische Lösungen (mit reaktionsfreudigen Basen). Mit dem Sauerstoff in der Luft reagieren sie zu Oxiden. Da Alkalimetalle leicht reagieren, kommen sie in der Natur nicht in ihrer Reinform vor, sondern nur in Verbindungen. Reine Alkalimetalle sind glänzend und so weich, dass man sie mit dem Messer schneiden kann.

Das reine Alkalimetall läuft an der Luft an.

Reines Lithium, hergestellt im Labor

Lithium

3
Li

Reines Lithium ist so leicht, dass es auf Wasser schwimmt. Kommt es mit Luft in Berührung, läuft das silbrige Metall in wenigen Minuten an. Um das zu verhindern, wird es in Mineralöl gelagert. Lithium wurde 1817 entdeckt und wird heute vielfach kommerziell genutzt. Zusammen mit Magnesium und Aluminium bildet es eine leichte Legierung, die im Flugzeug- und Eisenbahnbau eingesetzt wird. Lithium ist wichtig für wiederaufladbare Batterien und Akkus. Es wird auch in Medikamenten verabreicht.

In der Natur →

Eine wichtige Quelle für Lithium ist Lepidolith. Dieses violett-rosafarbene Mineral erhielt seinen Namen von den griechischen Wörtern *lepidos* (schuppig) und *lithos* (Stein), weil Lepidolith schuppenartige Platten entwickelt.

← Lithiumaufnahme

Mineralien, die Lithium enthalten, lösen sich leicht in Wasser. Alle Seen und Meere enthalten große Mengen Lithium. Meerestiere wie der Europäische Hummer nehmen viel Lithium aus dem Meerwasser auf.

Starke Batterien →

Wiederaufladbare Lithiumionenakkus werden in fast alle modernen Elektronikgeräte wie Smartphones eingebaut. Sie sind leicht, klein und können viel elektrische Energie speichern.

Reines Natrium in einem luftleeren Röhrchen

Natrium

11
Na

Das Element zählt zu den häufigsten der Erde. Es ist hochreaktiv und kommt nur in Molekülen mit anderen Elementen vor. Das lebensnotwendige Metall ist in Form von Natriumchlorid (Kochsalz) weit verbreitet – dies ist die häufigste Natriumverbindung. Natriumverbindungen werden in Feuerwerken, als Backpulver und als Streumittel im Winter genutzt.

Durchsichtige, würfelförmige Kristalle

← Halit

Das Mineral Halit ist auch als Steinsalz bekannt und besteht aus Natriumchlorid. Diese Verbindung ist für die Gesundheit von Mensch und Tieren wichtig. Halit kommt in würfelförmigen Kristallen vor und lagert sich in trockenen Zonen an Seen und Meeren ab, nachdem das Salzwasser verdampft ist.

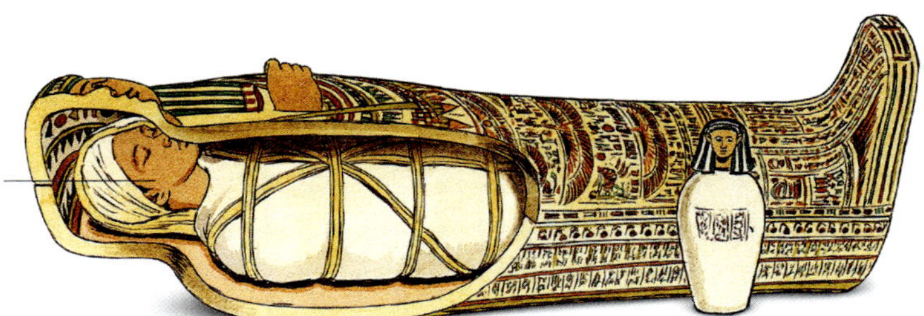

Leichname werden mit Soda getrocknet.

Einbalsamiert →

Schon im alten Ägypten wurde Natrium verwendet. Die Ägypter glaubten an ein Leben nach dem Tod und balsamierten ihre Toten ein. Sie nutzten dazu Soda – das Salz Natriumcarbonat –, das leicht Wasser aufnimmt. Nach dem Austrocknen wurde der Leichnam dann mit Leinen umwickelt und mumifiziert.

Backpulver ↓

Natriumhydrogencarbonat – besser als Backpulver bekannt – gibt man vor allem in Kuchenteig. Wenn das Salz während des Backens mit sauren Bestandteilen reagiert, entsteht Kohlendioxid. Durch dieses Gas werden Kuchen lockerer.

Ernte von Meersalz in einem Salzgarten

Salzernte →

Salze bilden bestimmte Gesteine, die sich mit der Zeit auflösen und ins Meer fließen. In flachen Becken verdampft das Meereswasser durch Wind und Sonne, sodass eine Kruste aus Meersalz entsteht.

Kalium

19 K

Mit seiner geringen Dichte ist Kalium ein typisches Metall der ersten Gruppe. Wie alle Alkalimetalle reagiert Kalium mit kaltem Wasser und bildet leicht entflammbaren Wasserstoff. Kalium ist in Industrieprodukten wie Düngemitteln enthalten, es spielt eine Schlüsselrolle bei der Steuerung von Muskulatur und Nervensystem. Es kommt in vielen Lebensmitteln vor.

Weichmetall →

Kalium ist ein Weichmetall, das sich mit dem Messer schneiden lässt. Das glänzende, silbrige Metall läuft schnell an, wenn es mit Luftsauerstoff reagiert. Dabei entsteht eine matte Oberfläche. Schneidet man es durch, zeigt es wieder eine glänzende Oberfläche.

Schicht aus der Verbindung Kaliumoxid

Kaliumreiche Lebensmittel

Banane

Sellerie

Kokosnuss

↑ Kalium in Lebensmitteln

Viele Lebensmittel enthalten Kalium: Eine Tasse Kokosmilch enthält 600 mg Kalium und eine mittelgroße Banane 422 mg. Das nützliche Element ist wichtig für die normale Funktion von Gehirn, Nerven und Muskeln.

← Sylvin

Das natürliche Mineral Sylvin besteht vorwiegend aus Kaliumchlorid. Sylvin hat Ähnlichkeit mit Halit, das aus Natriumchlorid besteht.

Explosive Qualität →

Kaliumchlorat besteht aus Kalium, Chlor und Sauerstoff. Es wird in Streichhölzern eingesetzt. Reibt man den Streichholzkopf, mischen sich Phosphor und Kaliumchlorat und entzünden sich.

Ein Streichholzkopf enthält Phosphor und Kaliumchlorat.

← Pflanzendünger

Kalium ist lebenswichtig für das Pflanzenwachstum. Seine Verbindungen werden zusammen mit Verbindungen aus Phosphor und Stickstoff in Düngemitteln eingesetzt.

Kaliumhaltiger Dünger wird auf einem Feld ausgebracht.

Rubidium

37 Rb

Von dem lateinischen Wort *rubidius*, das „tiefrot" heißt, hat Rubidium seinen Namen, weil es mit roter Flamme verbrennt. Entdeckt haben es 1861 die deutschen Chemiker Gustav Kirchhoff (1824–1887) und Robert Bunsen (1811–1899). Es hat einen sehr niedrigen Schmelzpunkt. Er liegt bei nur 39 °C.

Reines Rubidium wird in versiegelten Gläsern gelagert, um eine gefährliche Reaktion mit Luft zu verhindern.

Laborprobe aus reinem Rubidium in einer luftleeren Ampulle

↑ Feuerwerk

Wie viele andere Elemente der ersten Gruppe verbrennen Rubidiumverbindungen in leuchtenden Farben. Rubidiumnitrat verbrennt z. B. in einem auffälligen Violett. Die Verbindung ist auch in Beleuchtungsfackeln enthalten, die das Militär bei der Bergung verwundeter Soldaten einsetzt. Auf See dient es als Notsignal.

Caesium

55 Cs

Wie die anderen Alkalimetalle muss Caesium unter Luft- und Wasserausschluss gelagert werden, damit keine gefährlichen Reaktionen eintreten. Caesium wird in Atomuhren eingesetzt. Diese genauen Uhren messen die Zeit auf eine Nanosekunde (eine Milliardstelsekunde) genau.

Glänzendes, silbergoldenes Metall

Laborprobe aus reinem Caesium in einer luftleeren Ampulle

Solarzellen →

Caesium verstärkt in Solarzellen die Leitfähigkeit des Siliziums im Glas und verbessert damit die Wirksamkeit einer Zelle. Solarzellen treiben Satelliten an und erzeugen auf der Erde Elektrizität.

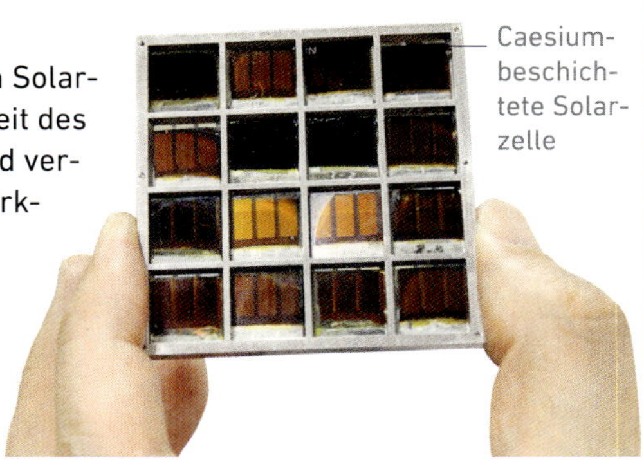

Caesiumbeschichtete Solarzelle

Francium

87 Fr

Francium zählt zu den seltensten Elementen der Erde. In der ganzen Erdkruste kommen wahrscheinlich nur wenige Gramm vor. Deshalb war Francium auch das letzte Element der ersten Gruppe, das 1939 von der Forscherin Marguerite Perey (1909–1975) entdeckt wurde. Es ist nach ihrem Geburtsland Frankreich benannt.

Uraninit →

Dieses Mineral enthält winzige Mengen von Francium, weil Atome anderer Elemente in dem Erz radioaktiv zerfallen. Uraninit nennt man auch Pechblende.

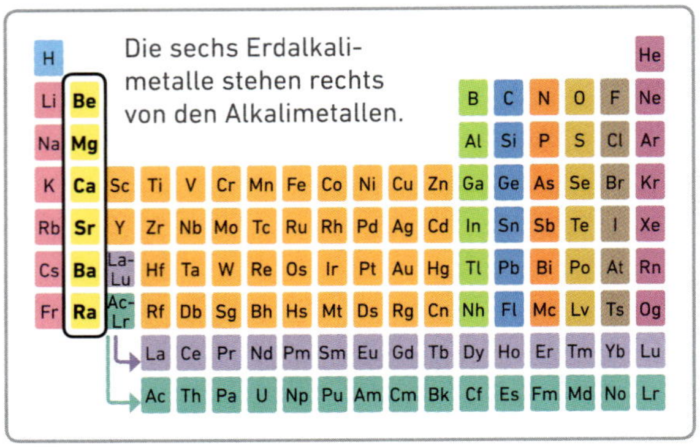

Die sechs Erdalkalimetalle stehen rechts von den Alkalimetallen.

Erdalkalimetalle

Die Elemente dieser Gruppe sind nicht ganz so reaktionsfreudig wie die ihrer linken Nachbargruppe. Sie werden alkalisch genannt, weil sie Basen bei Reaktionen mit Wasser bilden. Sie sind in Reinform weich und glänzend. Sie heißen Erdmetalle, weil viele von ihnen in der Erdkruste entdeckt wurden. Erdalkalimetalle wurden erstmals im 19. Jahrhundert in ihre Reinform gebracht. Alle Erdalkalimetalle sind bei Raumtemperatur fest und verbrennen mit einer auffälligen, farbigen Flamme.

Aquamarin Rohkristall

Beryllium

4 **Be**

Das Element wurde früher auch *Glucinium* genannt, was „süß" heißt (weil viele Berylliumverbindungen süß schmecken). Beryllium wurde schließlich nach dem Mineral Beryl benannt. Das Element ist giftig und radioaktiv. Als Legierung mit anderen Elementen findet das Metall viele Anwendungen, z. B. in der Herstellung von Raketen und Satelliten.

↑ Aquamarin

Eine der Hauptquellen von Beryllium ist Beryl, ein natürliches Mineral aus Beryllium, Aluminium, Silizium und Sauerstoff. Beryl kann viele verschiedene Farben annehmen, abhängig von den vorhandenen Verunreinigungen. Aquamarin ist ein blauer Edelstein, weil er Eisen enthält.

Jeder der sechseckigen Spiegel hat einen Durchmesser von 1,3 m.

James-Webb-Weltraumteleskop →

Das James-Webb-Weltraumteleskop soll 2019 in eine Erdumlaufbahn gebracht werden. Es soll das Universum beobachten und Daten über das Sonnensystem, über Planeten anderer Sterne und sogar über den Urknall sammeln – das Ereignis, bei dem das Universum entstand. Spiegel, die aus goldbeschichtetem Beryllium bestehen, sammeln Licht aus entfernten Bereichen des Alls. Das Element macht die Spiegel stabiler und leichter.

Magnesium

12 Mg

Das leichte Metall ist sehr reaktiv, vor allem mit Luftsauerstoff. Beim Verbrennen erzeugt es ein helles, weißes, intensives Glühen. Man kann erblinden, wenn man direkt auf das brennende Metall blickt. Magnesium wird in Fackeln und für Feuerwerke genutzt.

Gelbe Blätter an Pflanzen sind häufig ein Zeichen für Magnesiummangel.

Laborprobe aus reinem Magnesium

← Magnesit

Das Magnesiummineral ist eine gute Quelle des Moleküls Magnesiumoxid. Mit diesem Material werden Öfen innen beschichtet, weil es einen sehr hohen Schmelzpunkt besitzt und großer Hitze standhält.

↑ Chlorophyll

Die grüne Verbindung Chlorophyll in Pflanzenblättern wandelt Sonnenlicht in Energie um, die die Pflanzen zum Wachstum brauchen. Diesen Prozess nennt man Fotosynthese. In jedem Chlorophyllmolekül sitzt ein Magnesiumatom. Ohne Magnesium können Pflanzen keine Fotosynthese betreiben.

↑ Sodbrennen

Mit Magnesiumcarbonat behandelt der Arzt Sodbrennen und andere Magenverstimmungen. Das Carbonat reagiert mit überschüssiger Magensäure. Dabei entstehen Wasser und Kohlendioxid. Dieses Gas kann dazu führen, dass man aufstoßen muss.

↑ Entdeckung

1755 experimentierte der schottische Physiker und Chemiker Joseph Black (1728–1799) mit der Verbindung Magnesiumcarbonat und erkannte darin das Element Magnesium. Er entdeckte dabei auch das Gas Kohlendioxid.

Maßgefertigte Autofelge

← Legierungen

Magnesiumlegierungen haben den Vorteil, dass sie fest und leicht sind. Aus diesem Grund stellt man aus ihnen hochwertige Maschinen her. Eine dieser Legierungen ist Mag-Thor: Aus der Mischung von Magnesium und Thorium mit noch weiteren Elementen werden Triebwerke für Flugzeuge hergestellt.

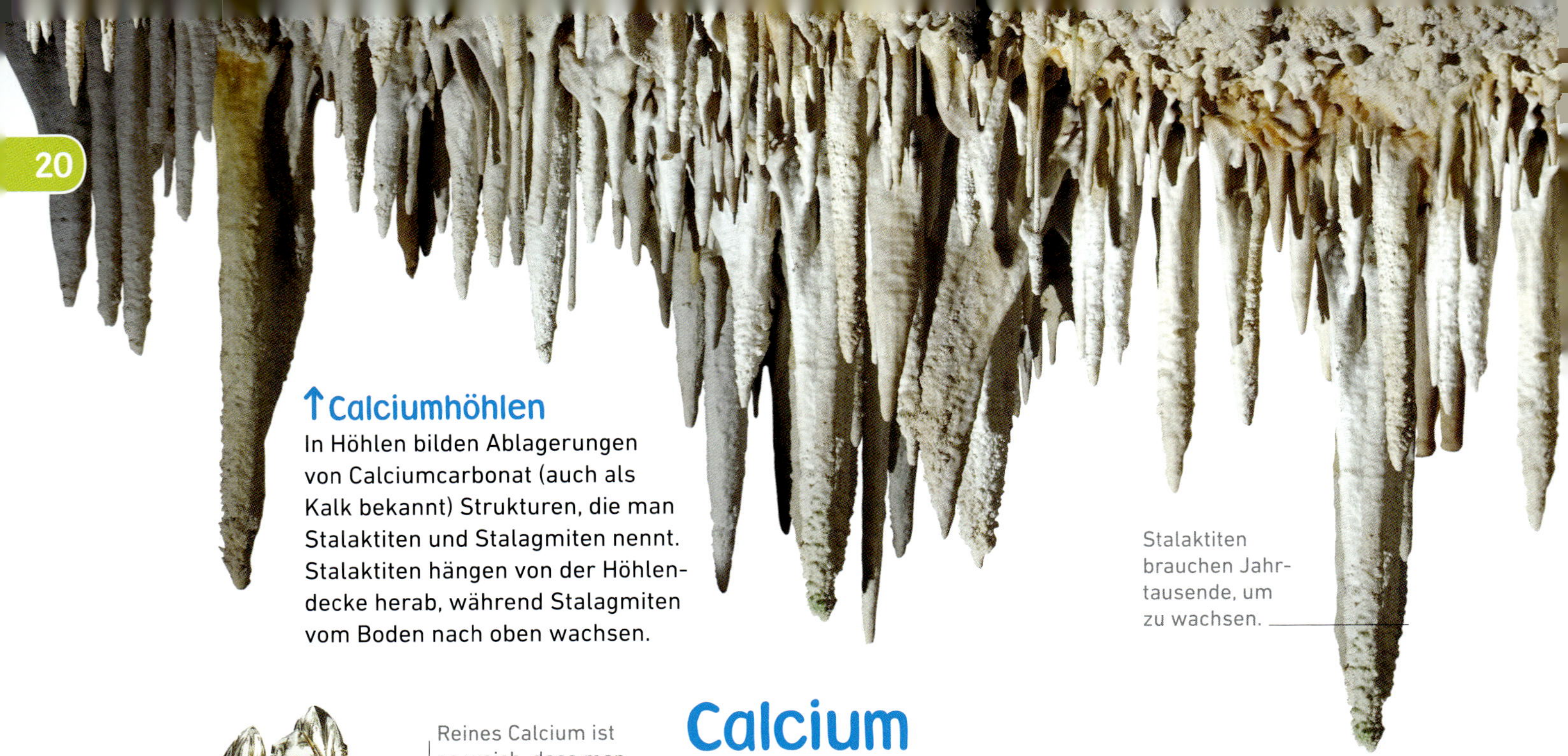

↑ Calciumhöhlen

In Höhlen bilden Ablagerungen von Calciumcarbonat (auch als Kalk bekannt) Strukturen, die man Stalaktiten und Stalagmiten nennt. Stalaktiten hängen von der Höhlendecke herab, während Stalagmiten vom Boden nach oben wachsen.

Stalaktiten brauchen Jahrtausende, um zu wachsen.

Calcium

20 Ca

Das weiche, silber-weiße Metall ist das fünfthäufigste Element der Erdkruste. Es stärkt die Knochen und ist wichtig für das Wachstum. Calciumverbindungen sind auch in der Industrie und beim Bau nützlich. Calciumoxid braucht man z. B. bei der Herstellung von Zement. Calciumhydroxid wird in der Papierindustrie und zur Reinigung von Abwässern eingesetzt.

Reines Calcium ist so weich, dass man es schneiden kann.

Kristalle aus reinem Calcium, hergestellt im Labor

Säureregulator →

Calciumverbindungen regulieren den Säuregehalt. Die Anwendung von Calcium stärkt das Pflanzenwachstum auf sauren Böden. Auch in Tabletten gegen Magenbeschwerden, die durch zu hohen Säuregehalt entstehen, sind Calciumverbindungen enthalten.

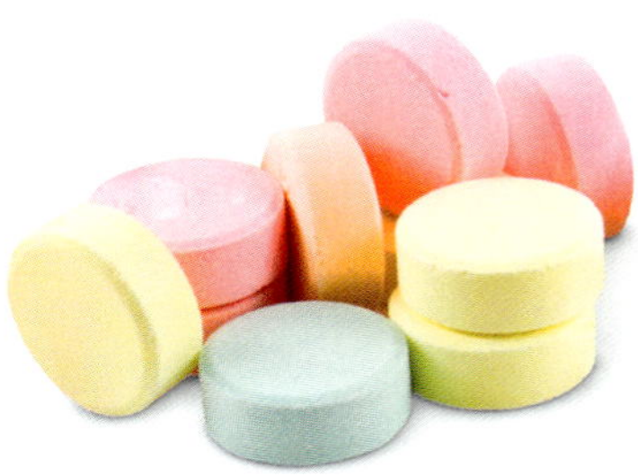

Magentabletten

Eisenproduktion →

Mit Calciumcarbonat (Kalk) wird reines Eisen hergestellt. Es wird den Rohstoffen im Hochofen zugegegeben, um Sand und andere Verunreinigungen aus dem Eisenerz zu entfernen. Die Verunreinigungen und der Kalk bilden die Schlacke, die vom Rohmetall abgetrennt wird.

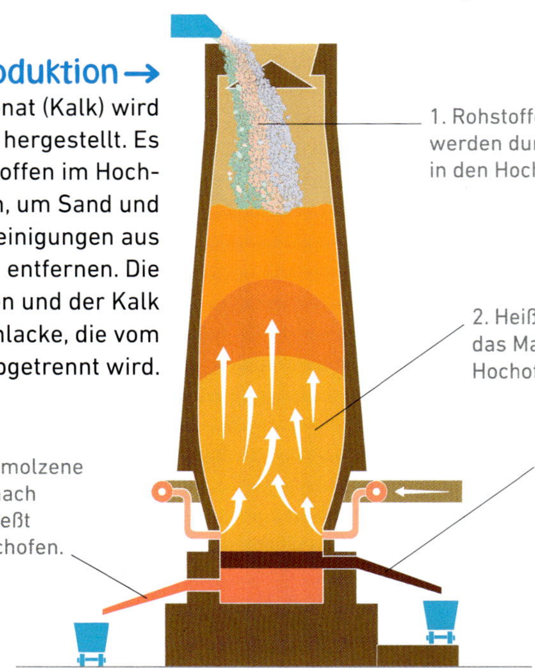

1. Rohstoffe und Kalk werden durch das Ventil in den Hochofen gegeben.

2. Heiße Luft erhitzt das Material im Hochofen.

3. Kalk vermischt sich mit Sand und Gesteinen des Erzes zur Schlacke. Sie schwimmt auf dem geschmolzenen Eisen und fließt ab.

4. Das geschmolzene Eisen sinkt nach unten und fließt aus dem Hochofen.

← Zähne und Knochen

Calcium ist das häufigste Metall im Körper. Wir brauchen die Verbindungen zum Aufbau von Zähnen und Knochen. Wir nehmen sie mit Lebensmitteln wie Milchprodukten auf.

Strontium

38
Sr

Das Element ist nach der schottischen Stadt Strontian benannt, in deren Nähe es entdeckt wurde. Strontium hat ein giftiges, radioaktives Isotop, das Strontium-90. Bei Unfällen in Atomkraftwerken wie 1986 in Tschernobyl (Ukraine) werden große Mengen von Strontium-90 freigesetzt.

Signalfackel →

Viele Elemente der zweiten Gruppe erzeugen farbige Flammen. Calciumverbindungen geben eine orange-rote Farbe ab, während Bariumverbindungen grün leuchten. Strontiumverbindungen produzieren ein pupurrotes Licht, das für Feuerwerke und auch für Signalfackeln genutzt wird.

Barium

56
Ba

Der englische Forscher Humphry Davy (1778–1829) entdeckte Barium 1808. Der Name des hochreaktiven Metalls stammt vom griechischen Wort *barys*, das „schwer" bedeutet. Interessanterweise ist nicht das Element selbst schwer, sondern seine Mineralien (wie Barit).

Kontrastmittel →

Bei diesem medizinischen Test schluckt ein Patient Bariumsulfat. Die harmlose Verbindung wird als Kontrastmittel verwendet und wandert durch den Verdauungstrakt. Dadurch können die Verdauungsorgane – hervorgehoben durch die Bariumverbindung – mit einer Röntgenaufnahme dargestellt werden.

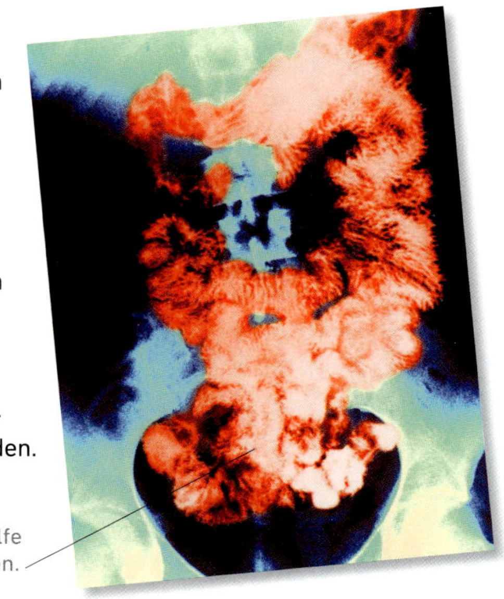

Röntgenaufnahme des Verdauungstrakts mithilfe von Bariumverbindungen.

Radium

88
Ra

Das stark radioaktive Element Radium erhielt seinen Namen vom lateinischen Wort *radius*, das „Strahl" bedeutet (Radium glüht im Dunkeln). Im frühen 20. Jh. wurden Radiumverbindungen in der Medizin eingesetzt, weil sie angeblich Krankheiten heilten. Aber diese Anwendungen wurden abgesetzt, nachdem sich Patienten dabei unwohl fühlten.

← Glühen im Dunkeln

Das Isotop Radium-226 wurde für Leuchtfarben genutzt, mit denen Ziffern und Zeiger von Uhren im Dunkeln glühten. Die Farben waren um 1920 sehr beliebt, lange bevor das Gesundheitsrisiko bekannt war. Viele Menschen, vor allem junge Frauen, erkrankten, weil sie mit Radium arbeiteten. Einige starben sogar, nachdem sie seiner Strahlung ausgesetzt waren.

Das Radium in der Farbe lässt Zeiger und Ziffern im Dunkeln grün-blau leuchten.

Uraninit →

Das Mineral nennt man auch Pechblende. Darin entdeckte Marie Curie das Radium. Nachdem sie große Mengen Uraninit untersucht hatte, fand sie in den Proben Radium und Polonium. Radium entsteht hier durch den radioaktiven Zerfall von Uran.

Dieses Erz enthält 0,7 g Radium pro 1000 kg Gestein.

Marie Curie →

Die in Polen geborene Französin Marie Curie (1867–1934) entdeckte 1898 zusammen mit Ehemann Pierre Curie (1859–1906) Radium und Polonium. Sie erhielt 1911 für diese Entdeckungen den Nobelpreis für Chemie.

Diese Medaille von 1967 erinnert an den 100. Geburtstag von Marie Curie.

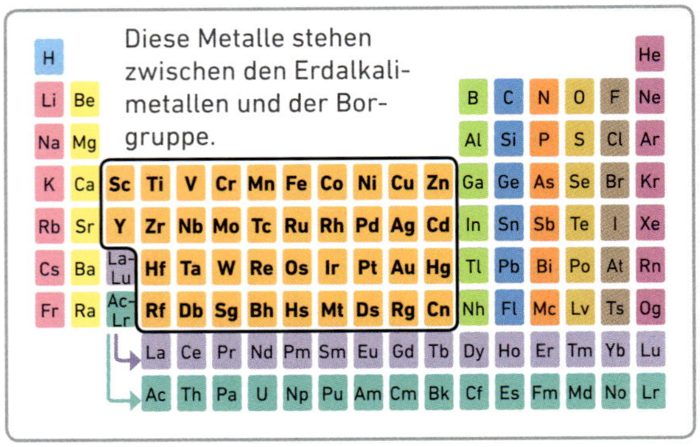

Übergangsmetalle

Mit 38 Mitgliedern bilden die Übergangsmetalle die größte Serie des Periodensystems. Zu ihnen zählen Elemente der Perioden (Reihen) drei bis sechs und den Gruppen (Spalten) drei bis zwölf. Obwohl viele Elemente unterschiedliche Eigenschaften besitzen, weisen sie auch einige Gemeinsamkeiten auf. Die Metalle sind normalerweise hart und glänzend, haben hohe Schmelz- und Siedepunkte und leiten Wärme und Elektrizität.

Laborprobe aus reinem Titan

Der Glanz nimmt ab, wenn Titan der Luft ausgesetzt ist.

Titan

22
Ti

Das Element ist nach den Titanen der griechischen Sagenwelt benannt. Sie waren außergewöhnlich starke Götter und Titan ist ein sehr hartes und festes, aber dennoch leichtes Metall. Die meisten Anwendungen von Titan haben unter allen Metallen das beste Verhältnis zwischen Festigkeit und Gewicht und korrodieren kaum.

Täglicher Gebrauch →

Titan wird verwendet, wenn etwas sehr fest und gleichzeitig sehr leicht sein soll. Das Metall ersetzt in vielen Alltagsgegenständen Stahl und Aluminium, z. B. bei Rennrädern und Brillenrahmen. Weil Titan so haltbar ist, wird es häufig in Legierungen verwendet, die festeren Stahl ergeben.

Ein leichter Titanrahmen ist haltbar und lässt sich kaum verbiegen.

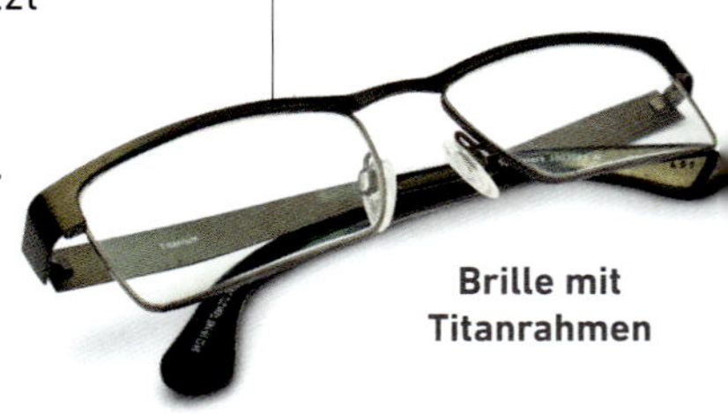

Brille mit Titanrahmen

Armprothese aus Titan und carbonfaserverstärktem Kunststoff

← Prothesen

In der Medizin ersetzt das feste Element kaputte oder verlorene Knochen, Gelenke und sogar ganze Gliedmaßen. Titanplatten, -schrauben und -stäbe halten Knochen gut zusammen, während sie heilen. Auch der Widerstand gegen Korrosion ist hierbei eine wichtige Eigenschaft.

Scandium

21 **Sc**

Dieses Übergangsmetall ist sehr teuer und wird deshalb außerhalb der Forschung nur selten eingesetzt. Aber selbst kleine Mengen Scandium in Metalllegierungen können die Eigenschaften anderer Metalle bedeutend verbessern.

Scandium ist glänzend, läuft an der Luft aber schnell an.

Laborprobe aus reinem Scandium

Leicht und fest zugleich ↓

Scandium kann die Festigkeit von Aluminium sehr stark erhöhen, auch wenn es nur in geringen Mengen zugesetzt wird. Scandium-Aluminium-Legierungen werden für Kampfflugzeuge verwendet, für die hohe Festigkeit bei niedrigem Gewicht wichtig sind.

Teile des Rumpfs dieser MiG-29 bestehen aus einer Scandium-Aluminiumlegierung.

Vanadium

23 **V**

Als typisches Übergangsmetall zeigt Vanadium viele der gemeinsamen Eigenschaften der Metalle dieser Gruppe. Es wird z. B. als Katalysator in industriellen Anwendungen eingesetzt, aber auch als Legierung, weil es anderen Metallen mehr Festigkeit verleiht. Ebenfalls wird es für farbige Verbindungen genutzt.

Diese brüchigen Kristalle sind die Hauptquelle von Vanadium.

Vanadinit

Vanadinit →

Vanadium wird aus dem Erz Vanadinit gewonnen. Die glänzenden roten Kristalle sind eine natürliche Verbindung aus Vanadium, Blei, Sauerstoff und Chlor.

Chrom

24 **Cr**

Wie Vanadium bildet auch Chrom viele farbige Verbindungen – so gibt Chrom dem Edelstein Rubin die rote Farbe. Das Element war früher Bestandteil von Farbpigmenten wie Chromgelb. Dieses Pigment wird aber nicht mehr benutzt, weil es giftig ist.

Chromglanz →

Eine Chromschicht auf einem anderen Metall gibt diesem ein glänzendes, spiegelndes Aussehen. Das war zwischen 1950 und 1970 in der Autoindustrie sehr beliebt.

Verchromte Karosserien rosten nicht so schnell.

Sportwagen Shelby Cobra AC Roadster 427 von 1967

Mangan

25 **Mn**

Der schwedische Chemiker Johan Gottlieb Gahn (1745–1818) entdeckte Mangan 1774. Dieses Element ist in geringen Mengen in Lebensmitteln enthalten. Müsli, Nüsse und viele Obst- und Gemüsesorten wie Rote Bete, Blaubeeren, Avocados und Oliven sind gute Quellen für dieses Übergangsmetall.

Laborprobe aus reinem Mangan

Das silbrige Metall ist dicht und brüchig.

← Höhlenmalerei

Viele Pigmente in alten Höhlenmalereien wie in der Höhle von Lascaux (Frankreich) enthalten Manganverbindungen. Manganoxide ergeben braune und schwarze Farben.

Besseres Benzin →

Eine komplizierte Verbindung aus Mangan, Kohlenstoff, Wasserstoff und Sauerstoff, die kurz MMT genannt wird, wird Benzin zugefügt, um seine Leistung zu verbessern. Die Verbindung stärkt die Oktanzahl des Benzins. Oktanzahlen dienen als Maß für die Wirksamkeit. Je höher die Oktanzahl, desto besser ist das Benzin.

Hochwertiges Benzin schützt den Motor vor Abnutzung.

Eisen

26 **Fe**

Eisen ist das wichtigste Metall weltweit. Es wird in riesigen Mengen produziert. Eisen wird vorwiegend im Bau verwendet und dient als Katalysator in vielen industriellen Prozessen wie der Herstellung von Ammoniak für Düngemittel. Das Hämoglobin im menschlichen Blut enthält Eisen. Dieses Eiweiß transportiert Sauerstoff im menschlichen Körper.

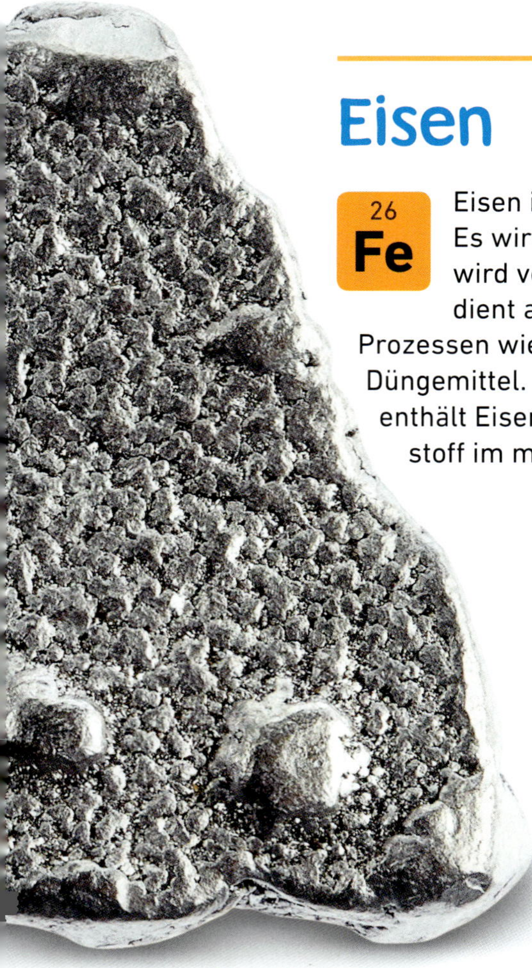

Reines Eisen, hergestellt im Labor

Eiserne Stärke →

Als Eisen zu Waffen und Maschinen geschmiedet wurde, machte es viele Länder wirtschaftlich und politisch stark. Heute ist es das wichtigste Baumaterial, das oft in Form von Stahl – einer Legierung aus Eisen und Kohlenstoff – verwendet wird. Es wird aber auch geschmiedet und gegossen.

Eiffelturm in Paris (Frankreich)

Gitter aus Schmiedeeisen

↑ Rostbraun

Eisen rostet (korrodiert) bei einer Oxidation. Ist es Wasser oder Luftsauerstoff ausgesetzt, wird die Oberfläche rotbraun und blättert ab. Unbehandelt verrostet so das gesamte Eisen.

Cobalt

Violett-rosafarbene Kristalle

27 Co

Wie Eisen wird Cobalt für Dauermagnete verwendet. Das sind Magnete, die ihren Magnetismus nie verlieren. Cobalt ist ein Bestandteil des Vitamins B12, das der Körper für die Blutbildung braucht. Cobaltlegierungen nutzen sich kaum ab und werden daher für Prothesen und Blätter von Flugzeugtriebwerken verwendet.

Glas färben ↓

Früher war Cobalt ein beliebtes Pigment zum Färben von Porzellan. Heute dient Cobalt dazu, Glas hellblau zu färben.

Das Glas wurde mit Cobalt blau gefärbt.

Tischlampe mit blauem Glaslampenschirm

↑ Erythrit

Erythrit, eine Verbindung aus Cobalt, Arsen, Sauerstoff und Wasser, ist ein Mineralerz des Cobalts. Dank der auffälligen Färbung wird es von Bergleuten auch „Cobaltblüte" genannt.

↑ Lebensmittel bestrahlen

Ein bestimmtes Isotop von Cobalt, das Cobalt-60, gibt Gammastrahlen ab, mit denen Lebensmittel konserviert werden. Bei einer Bestrahlung mit diesem Isotop werden gefährliche Keime abgetötet und die Lebensmittel halten länger.

Nickel

28 Ni

Der Name dieses Elements stammt von dem alten deutschen Wort „Kupfernickel". Es bezeichnete einen Kupferdämon, weil deutsche Bergleute das Mineral zunächst für Kupfer hielten. Später stellte es sich als ein Nickelerz heraus, aber der Name Nickel blieb. Reines Nickel rostet nicht und wird daher als Schutzbeschichtung genutzt.

Reine Nickelkugeln aus dem Labor

Diese silberweißen Pellets haben eine gelbliche Tönung.

← Schildkröten markieren

Aus Nickellegierungen werden nummerierte Markierungen hergestellt, mit denen Meerestiere wie diese Schildkröte identifiziert werden können. Diese Markierungen werden auch Monel-Marken genannten und bestehen aus einer Mischung von Nickel und Kupfer, die nicht korrodiert.

Kupfernickel ↓

Die 5-Cent-Münze aus den USA wird zwar „Nickel" genannt, sie besteht aber vorwiegend aus Kupfer. Nickel ist in den meisten Silbermünzen als Kupfernickel-Legierung enthalten.

Die George-Washington-Münze, die aus Kupfernickel besteht, wurde 1932 entworfen, um an den 200. Geburtstag des Präsidenten zu erinnern.

Kupfer

29
Cu

Das Metall ist in Mineralien wie Malachit enthalten und unterscheidet sich durch seine Farbe deutlich von anderen Metallen. Kupfer ist leicht verformbar und leitet Elektrizität sehr gut. Deshalb wird es für Hausdächer, Wasserrohre und Elektromotoren verwendet.

Pellets aus reinem Kupfer, hergestellt im Labor

↓Grüne Statue

Grünspan ist eine Mischung aus mehreren Kupferverbindungen. Wenn Kupfer der Luft ausgesetzt ist, färbt es sich grün. Die Freiheitsstatue in New York (USA) ist heute grün, weil das Kupfer mit Grünspan überzogen ist.

Die Kupferschicht der Freiheitsstatue ist mit Grünspan bedeckt.

←Musikinstrumente

Zusammen mit Zink bildet Kupfer die Legierung Messing, aus der viele Musikinstrumente bestehen. Weil Kupfer sich leicht verformen lässt, kann man mit Messing komplizierte Formen wie dieses Saxofon herstellen. Messing hat zudem eine gute Tonqualität.

Saxofon aus Messing

←Elektrokabel

Kupfer ist die beste Wahl für Schaltkreise und Elektrokabel. Es ist verformbar (es lässt sich zu dünnen Drähten ausziehen) und leitet ausgezeichnet Elektrizität.

Kupferdraht

Zink

30
Zn

Das relativ häufige Metall Zink wird aus Mineralien wie Zinkblende und Zinkspat gewonnen. Das Element ist in vielerlei Hinsicht nützlich und es wird vor allem in Form von Verbindungen verwendet. Abgesehen von der Legierung Messing soll es vor allem Stahl vor Korrosion schützen. Die Verbindung Zinkoxid ist als weiße Sonnenschutzcreme weit verbreitet.

Laborprobe aus reinem Zink

In Lebensmitteln↓

Zink ist ein wichtiger Bestandteil von Lebensmitteln. Es ist z. B. in Käse und Sonnenblumenkernen enthalten. Rindfleisch, Lammfleisch und Leber sind besonders gute Zinkquellen, ebenso Heringe und Austern.

Sonnenblumenkerne

Die Stahloberfläche dieses Eimers ist galvanisiert, um ihn vor Korrosion zu schützen.

Galvanisierter Eimer

←Stahl schützen

Stahl kann vor Korrosion geschützt werden, indem man ihn mit Zink beschichtet. Diesen Prozess nennt man Galvanisierung. Die äußere Zinkschicht bildet eine Barriere auf dem Stahl, sodass er nicht ständig mit Wasser in Berührung kommt.

Yttrium

Laborprobe aus reinem Yttrium

39 **Y**

Zusammen mit den drei Elementen Ytterbium, Erbium und Terbium ist Yttrium nach der Stadt Ytterby (Schweden) benannt. Yttrium hat ein radioaktives Isotop, das Yttrium-90, das zur Behandlung von mehreren Krebsarten eingesetzt wird.

Medizinischer Laser →

Zusammen mit anderen Elementen wird Yttrium in der Laserchirurgie eingesetzt. Ein YAG-Laser (Yttrium-Aluminium-Granat-Laser) eignet sich zusammen mit dem Element Neodym für kosmetische Behandlungen wie Lasertherapien der Haut.

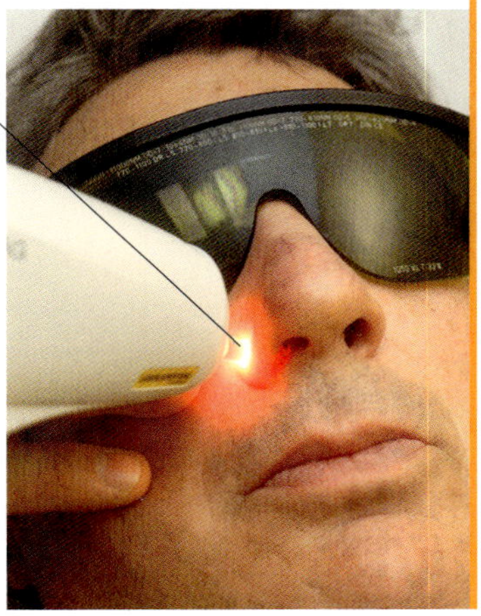

Stab aus reinem Zirconium, hergestellt im Labor

Zirconium

40 **Zr**

Das Element erhielt seinen Namen von dem arabischen Wort *zargun*, das Gold bedeutet, da seine Hauptquelle, das Mineral Zircon, eine bräunlich goldene Farbe besitzt. Legierungen des glänzenden Metalls Zirconium werden als äußere Schicht von Brennstäben in Atomkraftwerken genutzt, weil es sich nur sehr wenig abnutzt.

Falsche Diamanten →

Zirconia ist eine Kristallform von Zirconiumdioxid, das so ähnlich aussieht wie Diamanten. Diese falschen Diamanten erscheinen in Verbindung mit anderen Elementen in verschiedenen Farben.

Molybdän

42 **Mo**

Der schwedische Chemiker Peter Jacob Hjelm (1746–1813) entdeckte 1781 Molybdän, das ein wichtiges Element in Lebensmitteln ist. Es ist in Linsen und Bohnen enthalten und entzieht dem Körper einige Giftstoffe. Eine der bedeutendsten industriellen Anwendungen ist die Produktion von Molybdänstahl – einer Stahllegierung, die durch Molybdän gehärtet und belastbarer wird.

Besondere Eigenschaften ↓

Reines Molybdän wird vor allem zur Herstellung von korrosionsbeständigen Legierungen verwendet. Sie sind leicht und ideal für den Bau von Fahrradrahmen geeignet. Gleichzeitig sind sie hart genug, dass aus ihnen auch robuste Werkzeuge hergestellt werden können. Zudem kommen Molybdänlegierungen seit Kurzem beim Bau von Sportwagen zum Einsatz.

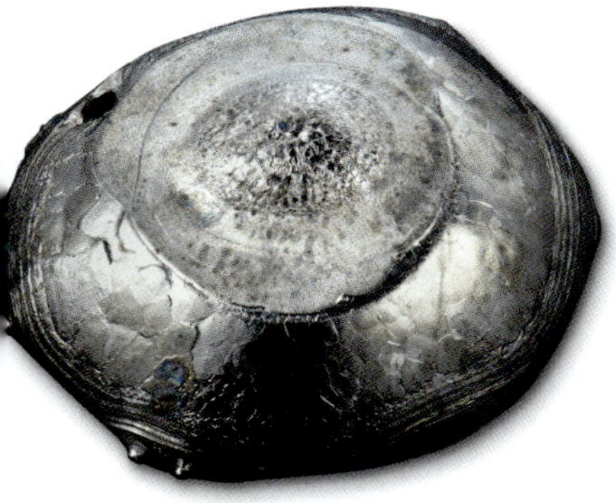

Reines Molybdän aus dem Labor

Niob

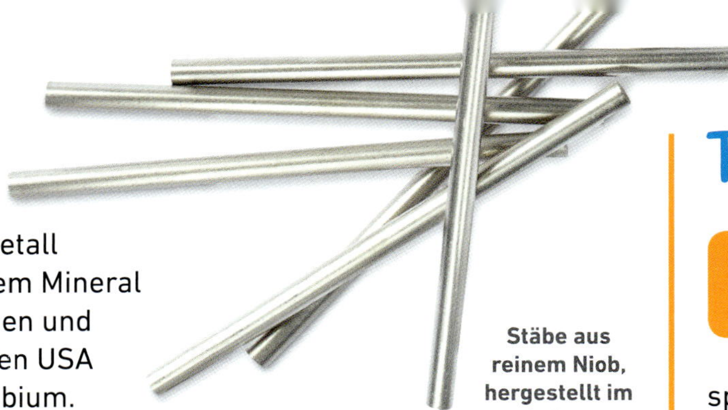

Stäbe aus reinem Niob, hergestellt im Labor

41 Nb

Das Übergangsmetall wird meist aus dem Mineral Columbit gewonnen und hieß deshalb in den USA über 150 Jahre lang Columbium. Aus ihm werden Gehäuse für Herzschrittmacher, Gedenkmünzen, Flugzeugtriebwerke und Raketenteile hergestellt. Auch Magnetresonanztomografen, die Bilder aus dem Inneren des Körpers liefern, sind mit Niobmagneten ausgestattet.

Computergrafik des Kommando-Servicemoduls der Raumfähre *Apollo 15*

Die Düse wurde aus einer Nioblegierung hergestellt.

←Weltallforschung

Niob wird häufig für besondere Anwendungen mit anderen Metallen gemischt. Aus Niob bestanden z. B. Teile des Kommandomoduls der Raumfähre *Apollo 15*. Sie brachte zum vierten Mal Menschen auf den Mond.

Technetium

43 Tc

Ursprünglich glaubte man, dass dieses Element in der Natur nicht vorkommt. Erst später wurden winzige Mengen von Technetium als Zwischenprodukt des radioaktiven Zerfalls von Uran entdeckt. Bei so geringen Mengen ist ein Element nur schwer aufzufinden. Mendelejew sagte seine Existenz aufgrund einer Lücke in seinem ursprünglichen Periodensystem voraus. Darauf folgten viele falsche Ankündigungen seiner Entdeckung, bis Technetium schließlich 1937 bestätigt wurde. Heute wird es vor allem bei bildgebenden Verfahren in der Medizin eingesetzt.

Ruthenium

44 Ru

Das Element wird in Mineralien zusammen mit Platinmetallen gefunden. Eine Rutheniumlegierung mit Platin härtet elektrische Bauteile. Das Element kann auch die industrielle Produktion von Ammoniak beschleunigen, das man für Düngemittel unbedingt braucht.

Brüchiges, silbernes Metall

Reines Ruthenium, hergestellt im Labor

Rhodium

45 Rh

In der Industrie entsteht dieses seltene und harte Metall hauptsächlich als Nebenprodukt bei der Reinigung von Nickel und Kupfer. Der wichtigste Einsatzort von Rhodium ist in Katalysatoren für Autos, die gefährliche Abgase in weniger schädliche umwandeln. Es wird auch in vielen Legierungen verwendet, weil es Objekte korrosionsfester macht.

Reines Rhodium, hergestellt im Labo

Ein mit Rhodium beschichteter Spiegel bildet die Dinge besonders präzise und scharf ab.

Spezialspiegel↓

Rhodium lässt sich zu sehr hellem Glanz polieren und wird daher für industrielle Spiegel und Spezialspiegel verwendet. Die Mundspiegel von Zahnärzten enthalten häufig Rhodium.

Reines Palladium, hergestellt im Labor

Palladium

46
Pd

Bei den Edelmetallen kommt Palladium weitaus seltener vor als Silber oder Gold. Es wird viel zu Schmuck verarbeitet, vor allem zu Weißgold. Dieses ist eine Mischung von Palladium mit anderen silbrigen Metallen. Palladium nimmt Wasserstoff auf. Es kann bei Raumtemperatur Wasserstoff bis zu dem 900-fachen seines eigenen Volumens absorbieren. In der Zukunft wird mit diesem Metall wohl Wasserstoff für Brennstoffzellen gespeichert werden.

↑ Katalysator

Mit Palladium werden häufig die Innenwände von Katalysatoren beschichtet. Umweltschädliche Gase wie Kohlenmonoxid, einige Kohlenwasserstoffe und verschiedene Oxide strömen durch den Katalysator und reagieren mit der Palladiumschicht. Sie werden zu Kohlendioxid, Wasser und Stickstoff umgewandelt und durch den Auspuff abgegeben.

↑ Braggit

Palladium kommt zwar auch rein vor, es steckt aber meistens in seltenen Mineralien wie Braggit. Das Mineral wurde 1932 entdeckt und enthält zusätzlich Platin, Nickel und Schwefel.

Silber

47
Ag

Aus dem Edelmetall werden seit Jahrhunderten Schmuck und Münzen gemacht. Die Verbindung Silbernitrat dient als Antibiotikum und Desinfektionsmittel. Einige Silberverbindungen wie Silberbromid sind lichtempfindlich und ändern ihre Farbe, wenn Licht auf sie fällt. Diese Eigenschaft förderte die Entwicklung der Schwarz-Weiß-Fotografie.

Reines Silber

Chlorargyrit →

Eines der wichtigsten Silbererze ist Chlorargyrit, das vor allem aus Silberchlorid besteht. Es bleibt farblos, bis Licht darauf fällt – dann wird es braun und violett.

← Silber verwenden

Weil es so wunderbar glänzt, wird Silber schon seit langer Zeit zu Schmuck und Gegenständen wie Kerzenhaltern und Besteck verarbeitet. Ein Nachteil des Silbers ist, dass es an der Luft schwarzes Silbersulfid bildet und anläuft. Deshalb müssen alle Silberteile regelmäßig gereinigt werden.

Cadmium

48 Cd

Das Element wurde 1817 entdeckt und ein Jahrhundert lang nur in Deutschland abgebaut. In der Reinform ist das weiche Metall silbrig mit einem bläulichen Ton. Es wurde früher in vielen Produkten verwendet, z. B. in Farben, da es giftig ist, wird es heute kaum noch benutzt.

Das Mineral zerbricht sehr leicht.

↑ Smithsonit

Das Mineral ist nach dem englischen Chemiker James Smithson (1765–1829) benannt und wurde 1802 identifiziert. Smithsonit besteht hauptsächlich aus Zinkcarbonat, aber Verunreinigungen mit Cadmium geben ihm eine helle, gelbe Farbe.

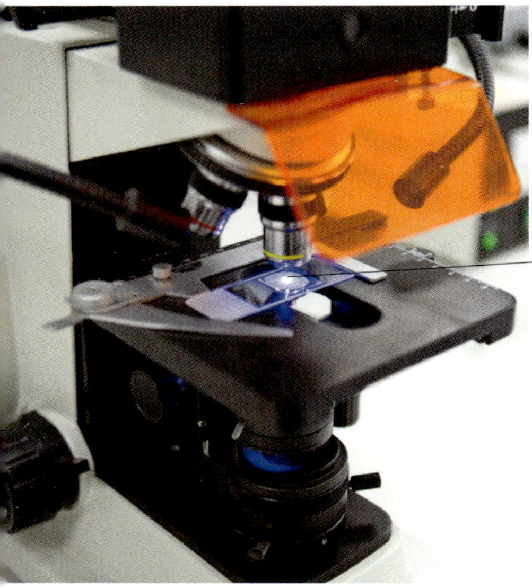

Das ultraviolette Licht in diesem Mikroskop erzeugt ein Cadmiumlaser.

Reines Cadmium, hergestellt im Labor

← Hochleistungslaser

Leistungsstarke optische Mikroskope untersuchen winzige Lebewesen mit einem Cadmiumlaser. Die Daten des Lasers werden zu einem dreidimensionalen Bild zusammengesetzt, sodass man die Art jeweils weiter erforschen kann.

Hafnium

72 Hf

Da Mendelejew bereits 1869 die Existenz des Elements 72 vorhergesagt hatte, suchten der niederländische Forscher Dirk Coster (1889–1950) und der ungarische Radiologe Georg Karl von Hevesy (1885–1966) in Zirconiumerzen danach. Sie entdeckten das Element 1923 und nannten es *Hafnia* – das ist der lateinische Name von Dänemarks Hauptstadt Kopenhagen, in der es entdeckt wurde.

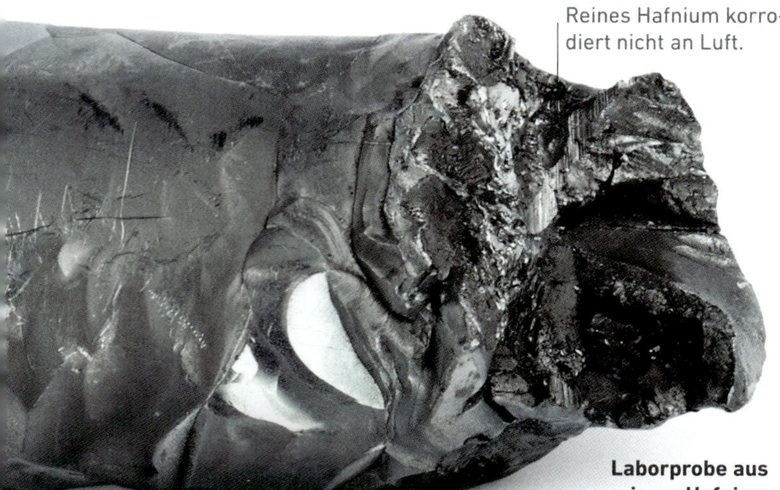

Reines Hafnium korrodiert nicht an Luft.

Laborprobe aus reinem Hafnium

Stäbe aus reinem Tantal, das im Labor gereinigt wurde.

Die Tantalschale ist biegsam und wiegt nur wenig.

Künstliches Hüftgelenk

Gelenke →

Implantate aus Tantal sind poröser als die aus Titan, sodass sie biegsam sind wie natürliche Knochen. Das Knochenwachstum wird gefördert und hält das Implantat fest an seiner Stelle. Tantal ist daher für künstliche Gelenke eine ausgezeichnete Wahl.

Tantal

73 Ta

Das harte Metall Tantal, das nicht so leicht korrodiert, kann weichere Metalle härten. Kondensatoren, die in Geräten wie Smartphones elektrische Ladungen speichern, werden oft aus Tantalpulver hergestellt.

Der Bohrer wurde mit der Legierung Wolframcarbid gehärtet.

Das Mineral ist das Haupterz von Wolfram.

Wolframit

Wolfram

74 **W**

Das schwere und dichte Wolfram hat den höchsten Schmelzpunkt aller Metalle. Während Gold bei 1064 °C schmilzt, wird Wolfram erst bei 3414 °C flüssig. Diese Widerstandsfähigkeit gegen Wärme wird in Glühfäden für Glühlampen genutzt, auch wenn diese nicht sehr sparsam sind.

Osmium

76 **Os**

Da die Reinform von Osmium mit Sauerstoff zu einem giftigen Oxid reagiert, wird es zur Sicherheit meistens mit anderen Elementen gemischt. Osmium wird für viele spezielle Dinge verwendet, z. B. für das Pulver zum Abnehmen von Fingerabdrücken oder für die Spitzen von Füllfederhaltern.

Füllfederhalter

Die Spitze des Füllfederhalters besteht aus einer Osmiumlegierung, die sich kaum abnutzt.

Dieser Sand ist eine natürliche Legierung aus Osmium und Iridium.

Osmiridiumsand

Rhenium

75 **Re**

Das Element wurde 1925 entdeckt und nach dem Fluss Rhein benannt. Es hat den zweithöchsten Schmelzpunkt aller Metalle. Da Rhenium großer Hitze widersteht, wird es in Superlegierungen für Heizschlangen in Öfen, Röntgengeräte und Turbinenblätter für Flugzeugtriebwerke verwendet.

Reines Rhenium, hergestellt im Labor

Triebwerk →

Das Rolls-Royce-Trent-XWB ist ein Mantelstromtriebwerk für den Airbus A350 XWB. Die Turbinenblätter, die aus einer Superlegierung mit Rhenium bestehen, widerstehen extrem hohen Temperaturen.

Iridium

77 **Ir**

Iridium kommt in Flussablagerungen vor und auch die Erdkruste enthält eine dünne Iridiumschicht. Vermutlich hat derselbe Meteorit, der vor 66 Mio. Jahren das Aussterben der Dinosaurier verursachte, durch seinen Einschlag eine Iridiumschicht über die Erde verteilt.

Starkes Teleskop →

Das Chandra-Röntgenobservatorium der NASA kreist im Weltraum und untersucht die Röntgenstrahlen entfernter Sterne. Seine acht Glasspiegel sind mit Iridium beschichtet und lenken die Röntgenstrahlen auf die wissenschaftlichen Instrumente.

Computergrafik des Chandra-Röntgenobservatoriums

Das silbrige Metall lässt sich zu einem hellen Weiß polieren.

Reines Platin, hergestellt im Labor

Platin

78 **Pt**

Das wertvolle Metall kommt in der Erdkruste selten vor und ist deshalb teuer. Es wird z. B. zu Schmuck verarbeitet. Außerdem spielt es eine wichtige Rolle in Auto-Katalysatoren und bei der Produktion von Salpetersäure für Düngemittel.

Schmuck →

Das schöne, haltbare und glänzend weiße Metall Platin wird seit Jahrhunderten zu Schmuck verarbeitet. Platin korrodiert (rostet) kaum, sodass sein Glanz sehr lange Zeit erhalten bleibt.

Platinring

Rutherfordium

104 **Rf**

Das künstliche Element entsteht, wenn man Californiumatome mit Kohlenstoffatomen beschießt. Das Element wurde 1968 erstmals hergestellt, aber erst 1992 bestätigt und benannt. Seitdem wurden nur wenige Atome erzeugt. Für das Element gibt es außerhalb der Forschung keine Anwendung.

Namensgebung →

Das Element 104 wurde nach dem neuseeländischen Chemiker Ernest Rutherford (1871–1937) benannt. Er war einer der ersten Forscher, die durch Experimente den Atomaufbau untersuchten. So zeigte er beispielsweise durch Experimente mit Goldfolie, dass Atome einen dichten Kern besitzen.

Karikatur von Ernest Rutherford

Quecksilber

80 **Hg**

Das faszinierende Element wird seit nahezu 30 000 Jahren genutzt. Schon damals schmolzen Menschen das Erz Zinnober zu roten Pigmenten für Höhlenmalereien. Es ist als einziges Metall bei Raumtemperatur flüssig und erhielt seinen Namen, weil es sich wie flüssiges Silber verhält.

Zinnober

Auffälliges, tiefrotes Mineral

← Zinnober

Es ist das wichtigste Quecksilbererz und wird seit Jahrtausenden genutzt. Bereits die alten Ägypter verwendeten das Mineral zum Herstellen ihrer Schminke. Zu dieser Zeit wusste man noch nicht, wie giftig Quecksilber ist.

Bei Raumtemperatur ist es eine dichte, silberweiße Flüssigkeit.

Thermometer →

Der deutsche Physiker Daniel Gabriel Fahrenheit (1686–1736) erfand 1714 das Quecksilberthermometer. Seinen Namen trägt auch eine Temperaturskala, die in den USA heute noch verwendet wird. Wenn die Temperatur zunimmt, dehnt sich das Quecksilber aus, sodass es in dem schmalen Rohr hinaufsteigt. Da Quecksilber sehr giftig ist, werden solche Thermometer heute mit gefärbter Alkohollösung gefüllt.

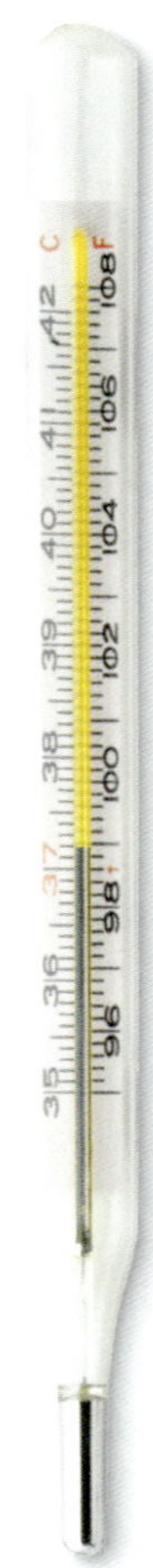

Gold

79 Au Das chemische Symbol stammt von dem lateinischen Wort für Gold, das *aurum* heißt. Das Metall kommt in reiner Form vor und wird seit fast 4000 Jahren für Schmuck und Verzierungen genutzt. Alchemisten, die Vorgänger moderner Chemiker, versuchten lange Zeit aus relativ gewöhnlichen Metallen wie Blei wertvolle Stoffe wie Gold zu gewinnen.

↑Gold in Quarz

In einigen Flüssen erodiert Gold zu Flocken. Winzige Flocken gelangen schließlich in das harte Mineral Quarz und bilden dort glänzende Goldadern.

Reine Goldflocken, hergestellt im Labor

Spiegelschicht→

Bestimmte Wellenlängen der Sonnenstrahlen können Ausrüstung und Astronauten im Weltraum schädigen. Deshalb sind die Helme der Raumanzüge mit einer Goldschicht überzogen. Diese Schicht schützt vor intensiven, gefährlichen Strahlen und verhindert, dass Astronauten einen Hitzschlag erleiden.

Gold dient auch als Reflexionsschicht.

Goldmünzen→

Aus reinem Gold und Goldlegierungen wurden seit alten Zeiten Münzen geprägt. Weil Gold schön glänzte, einen hohen Wert hatte und nicht korrodierte (rostete), war es ein beliebtes Material für Münzen.

Münze mit König Philipp II. von Makedonien (359–336 v. Chr.)

Die Goldschicht des Goldenen Tempels in Amritsar (Indien) ist nicht nur dekorativ, sie verwittert auch nicht.

←Vergoldet

Da Gold auch mit der Zeit nicht matt wird, dient es als Dekoration für besondere Gebäude, meist in Form von Blattgold oder Goldbeschichtungen. Mit Goldflocken und -staub werden in Indien sogar Lebensmittel verziert.

Dubnium

105
Db

Das radioaktive Element 105 ist nach der russischen Stadt Dubna benannt, in der es erstmals hergestellt wurde. Dubnium ist ein künstliches Element und findet keine Anwendung außerhalb der Forschung.

Albert Ghiorso (rechts) mit James Harris, einem Mitarbeiter

← Kontroverse Entdeckung

Eine Arbeitsgruppe aus der UdSSR und eine aus den USA beanspruchten jeweils für sich, Dubnium hergestellt zu haben. Die sowjetische Gruppe von 1968 leitete Georgy Flerov (1913–1990) und die amerikanische führte 1970 Albert Ghiorso (1915–2010). Der Gruppe der UdSSR wurde die Entdeckung 1933 zuerkannt und Dubnium offiziell benannt.

Seaborgium

106
Sg

Nur wenige Atome des künstlichen Elements wurden bis heute produziert. Sie wurden 1974 am Lawrence Berkeley National Laboratory in Kalifornien (USA) erstmals durch Beschuss von Californiumatomen mit Sauerstoff hergestellt. Seaborgium wird nur in der Forschung eingesetzt.

Seaborgium →

Der US-amerikanische Chemiker Glenn T. Seaborg (1912–1999) leitete mehrere Arbeitsgruppen und stellte viele künstliche Elemente her. Damals war es ungewöhnlich, ein Element nach einer lebenden Person zu benennen, aber er wurde 1993 damit geehrt – sechs Jahre vor seinem Tod.

Karikatur von Seaborg

Bohrium

107
Bh

Wie viele andere künstliche Elemente wird Bohrium nur für die Forschung verwendet. Es wurde 1981 von einer deutschen Arbeitsgruppe hergestellt, die Bismut mit Chromatomen beschoss. Das Element wurde 1997 nach dem dänischen Physiker Niels Bohr benannt.

Niels Bohr in seinem Labor

← Niels Bohr

Der dänische Physiker Niels Bohr (1885–1962) lieferte bahnbrechende Erkenntnisse über den Aufbau der Atome und die Atomtheorie. Für das Bohrsche Atommodell erhielt er 1922 den Nobelpreis für Physik.

Hassium

108
Hs

Das Element wurde nach dem Bundesland Hessen benannt, in dem das Zentrum für Schwerionenforschung liegt – hier wurde 1984 Hassium erzeugt. Zur Herstellung von Hassium hatte die Arbeitsgruppe des deutschen Physikers Peter Armbruster (geb. 1931) Blei- und Eisenatome aufeinanderprallen lassen. Wie alle schweren, künstlichen Elemente ist Hassium radioaktiv, sodass es schnell in andere Elemente zerfällt.

Meitnerium

109 Mt

Zu Ehren der österreichischen Physikerin Lise Meitner (1878–1968) wurde Meitnerium nach ihr benannt. Hergestellt wurde es 1982 in Deutschland mit Bismut- und Eisenatomen. Für das radioaktive Element gibt es außerhalb der Forschung keine Anwendung.

Geehrt →

Der deutsche Chemiker Otto Hahn (1879–1968) erhielt 1944 allein den Nobelpreis für Chemie für seine und Meitners Arbeiten zur Kernspaltung. Nach Meitner wurde später ein neues künstliches Element benannt.

Otto Hahn und Lise Meitner

Darmstadtium

110 Ds

Darmstadtium wurde zuerst 1994 in Darmstadt hergestellt und später nach der Stadt benannt. Seitdem wurden nur wenige Atome des hochradioaktiven Elements erzeugt. Weil es sehr schnell zerfällt, ist über dieses Element nur wenig bekannt.

Sigurd Hofmann →

Die Arbeitsgruppe des deutschen Physikers Sigurd Hofmann (geb. 1944) stellte Darmstadtium als Erste mithilfe von Nickel- und Bleiatomen her. Hofmann wirkte auch an der Erzeugung anderer künstlicher Elemente mit, z. B. von Röntgenium und Copernicium.

Röntgenium

111 Rg

Nach Meinung einiger Forscher teilt es sich manche Eigenschaften mit Gold, daher steht dieses Element im Periodensystem direkt unterhalb des Elements Gold. Es wurde erstmals 1994 mit Nickel- und Bismutatomen produziert. Röntgenium hat außerhalb der Forschung keine Anwendung.

Wilhelm Röntgen →

Röntgenium ist nach dem deutschen Physiker Wilhelm Conrad Röntgen (1845–1923) benannt, der die Röntgenstrahlen entdeckt hatte.

Copernicium

112 Cn

Das hochradioaktive Element Copernicium wurde erstmals 1996 hergestellt, als man Zink- und Bleiatome aufeinanderprallen ließ. Vermutlich ist das Element, ebenso wie Edelgase, nicht sehr reaktiv. Da bis heute erst wenige Atome erzeugt wurden, kann diese Theorie nicht nachgeprüft werden.

Lebensleistung →

Copernicium wurde nach dem polnischen Astronomen Nikolaus Kopernikus aus dem 16. Jh. benannt. Er veröffentlichte die Theorie, dass die Erde um die Sonne kreist. Diese Statue von ihm steht vor der Burg Allstein in Olsztyn (Polen), in der er lebte.

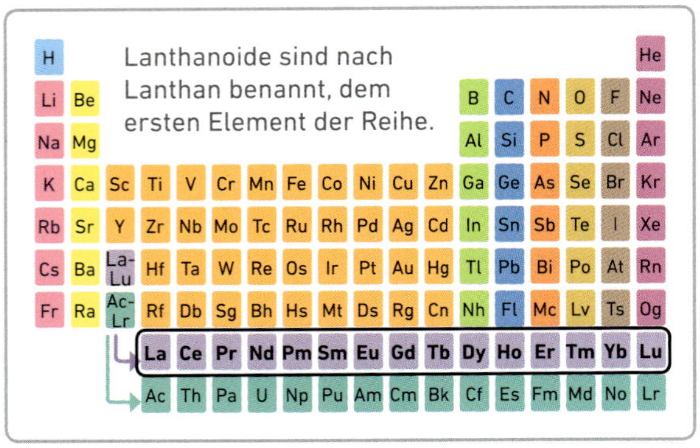

Lanthanoide

Diese Elemente hießen früher „seltene Erden“, obwohl Lanthanoide überhaupt nicht selten sind. Allerdings haben viele Lanthanoide ähnliche chemische Eigenschaften, sodass sie sich nur schwer voneinander trennen lassen. Tatsächlich heißt das griechische Wort *lanthano* „versteckt“. Für die Elemente dieser Gruppe existieren vielfältige Anwendungen.

Lanthan

57 **La**

Dieses Lanthanoid wurde 1839 von dem schwedischen Chemiker Carl Gustav Mosander (1797–1858) entdeckt. Lanthanoxid, eine seiner Verbindungen, wird Kameralinsen zugesetzt, um die Bildqualität zu verbessern. Durch den Vergleich des relativen Gehalts von Lanthan und seinem Zerfallsprodukt Barium kann man das Alter von Gesteinen bestimmen.

Bastnäsit →

Das Mineral setzt sich aus den drei Metallen Yttrium, Cer und Lanthan sowie Kohlenstoff, Fluor und Sauerstoff zusammen. Bastnäsit ist die Quelle für jedes dieser Elemente, die durch einen komplizierten Prozess aus dem Erz gewonnen werden.

Neodym

60 **Nd**

Der österreichische Chemiker Carl Auer von Welsbach (1858–1929) extrahierte 1885 dieses Element aus Didym, einer Mischung aus Neodym mit Praseodym. Neodym ist ein Bestandteil von Lasern, die in der Augenchirurgie eingesetzt werden.

Das silbrig-weiße Metall läuft an der Luft schnell an.

Laborprobe aus reinem Neodym

Magnete aus einer Legierung mit Neodym, Eisen und Bor

← Starke Magnete

Neodym ist zusammen mit Eisen und Bor in den stärksten Magneten enthalten. Starke Magnete werden häufig in der Industrie genutzt.

Promethium

61 **Pm**

Weil es radioaktiv ist, kommt Promethium in natürlichen Mineralien kaum vor. Da in der Natur jedes Promethiumatom mit der Zeit zerfällt, wird dieses Lanthanoid künstlich hergestellt. Geringe Mengen werden in Spezialbatterien eingesetzt, die z. B. Herzschrittmacher und ballistische Raketen mit Strom versorgen.

Promethium-reiche Farbe

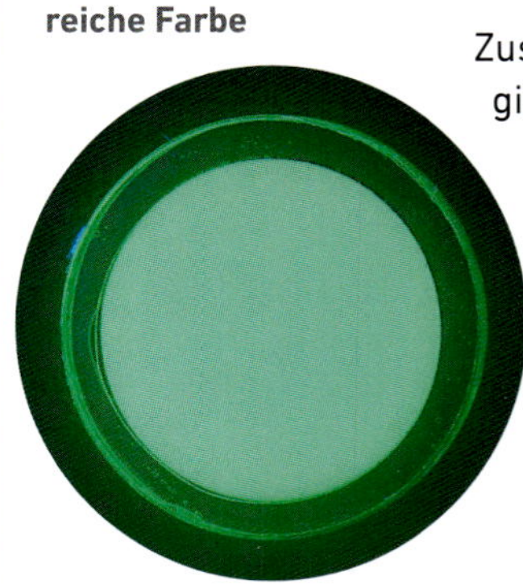

← Farben

Zusammen mit Zinksulfid gibt Promethium Farben einen grün-blauen Ton. Früher war Promethium in Uhren mit Leuchtziffern beliebt, aber heute wird es dafür kaum noch verwendet.

Laborprobe aus reinem Cer

Cer

58 Ce

Cer wurde 1803 entdeckt und nach dem Zwergplaneten Ceres benannt. Cer findet man in mehreren natürlichen Mineralien wie Cerit, das hauptsächlich aus Cersilicat besteht. Die Verbindung Ceroxid wird in Katalysatoren eingesetzt, die gefährliche Autoabgase in harmlose umwandeln.

Praseodym

59 Pr

Ein Teil des Namens stammt von dem griechischen Wort *prasios*, das „grün" heißt. Es wurde so benannt, weil sein Oxid nach der Reaktion mit Luftsauerstoff grün ist. Mit Magnesium bildet Praseodym eine stabile Legierung, die in Flugzeugtriebwerken eingesetzt wird.

Laborprobe aus reinem Praseodym

Diese Brille aus der Zeit um 1920 enthält Praseodym, das sie grün färbt.

↓Filter für Schutzbrillen

Praseodym verleiht Schutzbrillen für Schweißer und Glasbläser eine Farbtönung. Die gefärbten Gläser filtern schädliche ultraviolette Strahlung heraus und schützen so die Augen.

Samarium

62 Sm

Dieses Element wurde nach dem Mineral Samarskit benannt, aus dem es erstmals gewonnen wurde. Einige frühe Spezialmagnete bestanden aus Samarium und Cobalt. Sie hatten die nützliche Eigenschaft, dass sie auch bei hohen Temperaturen noch magnetisch blieben.

Laborprobe aus reinem Samarium

Europium

63 Eu

Der französische Chemiker Eugène-Anatole Demarçay (1852–1903) entdeckte das Element 1901. Europium ist vor allem bekannt dafür, dass es in den Tinten enthalten ist, mit denen Banknoten gedruckt werden. Sie lassen echte Euronoten in ultraviolettem Licht rot leuchten, sodass man sie von falschen Geldscheinen unterscheiden kann.

Laborprobe aus reinem Europium

Gadolinium

64
Gd

Das Metall wurde nach dem finnischen Chemiker Johan Gadolin (1760–1852) benannt. Aus Gadolinium und anderen Elementen entstehen Magnete. In Legierungen mit Eisen widersteht das Material hohen Temperaturen.

Laborprobe aus reinem Gadolinium

Weiches, silbriges Metall

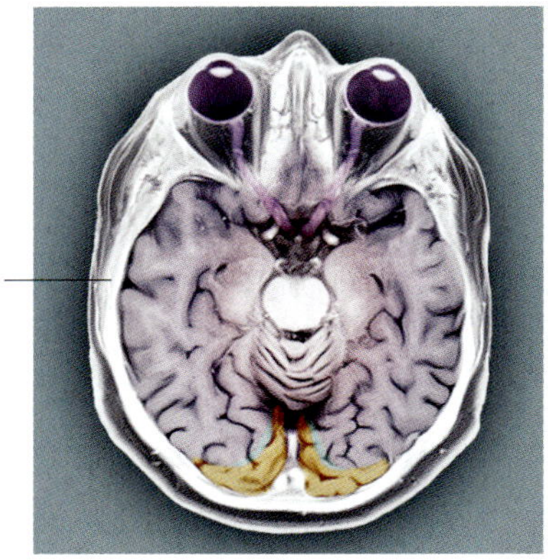

MRT-Scan eines menschlichen Gehirns und der Augen

← Gadolinit

Dieses Erz enthält winzige Mengen Gadolinium und bildet schwarze oder dunkelbraune Kristalle. In ihm kommen außerdem noch Lanthan, Cer, Neodym und Yttrium vor.

↑ Klare Bilder

Gadolinium dient in der MRT (Magnetresonanztomografie) als Kontrastmittel. Weil das Element aber giftig ist, muss es vorsichtig eingesetzt werden.

Terbium

65
Tb

Der schwedische Chemiker Carl Mosander (1797–1858) entdeckte 1843 Terbium. Es ist eines von vier Elementen, die nach dem Dorf Ytterby in Schweden benannt wurden. Die anderen sind Erbium, Yttrium und Ytterbium. Weil sich ihre Namen und Eigenschaften gleichen, verwechselten Forscher im 19. Jh. die Elemente Terbium und Erbium und bezeichneten jedes mit dem Namen des anderen. Terbium wird in Quecksilber- und Energiesparlampen eingesetzt. Außerdem erzeugt es grünen Leuchstoff, der immer noch für Farbfernseher genutzt wird.

Dysprosium

66
Dy

Das griechische Wort *dysprosistos*, von dem der Name Dysprosium stammt, bedeutet „schwer zu erhalten". Wie die meisten Lanthanoide kommt das Element in der Natur zusammen mit anderen seiner Gruppe vor und lässt sich nur schwer gewinnen. Obwohl man es schon 1886 entdeckte, wurde es erst um 1950 isoliert. Das Metall wird selten in der Reinform genutzt, sondern meist in Legierungen.

Energiegewinnung ↓

Die wichtigste Anwendung von Dysprosium ist eine Legierung mit Neodym, Praseodym und Terbium für starke Magnete. Die leichten, aber festen und starken Magnete stecken in Windturbinen.

Windturbinen des Windparks Dun Law (Schottland)

Holmium

67
Ho

Holmium ist ein leicht verformbares, silbrigweißes Metall. Abgesehen von Legierungen für Magnete wird Holmium auch in medizinischen Lasern eingesetzt, vor allem zum Zertrümmern von Nierensteinen.

Die rote Farbe des Edelsteins Zirconia stammt vom Holmiumoxid.

↑ Farbreich

Verunreinigungen mit Holmium färben den Edelstein Zirconia rot oder gelb. Die Verbindung Holmiumoxid wird auch in farbigen Gläsern eingesetzt.

Erbium

68 Er

Das silbrige Metall färbt in seiner Verbindung Erbiumoxid Glas, Keramik und falsche Edelsteine rosa. In Legierungen mit anderen Metallen wie Vanadium wird das Material weicher und lässt sich leichter verformen.

Laborprobe aus reinem Erbium

Diese Schutzbrille enthält Erbium.

← Schutzbrille

Erbiumoxid wird Gläsern in Schutzbrillen zugesetzt, die Schweißer und Glasbläser tragen. Die Gläser nehmen ultraviolette Strahlen auf und schützen so die Augen.

Thulium

69 Tm

Reines Thulium hat einen hellen, silbrigen Glanz, läuft aber an der Luft an. Das Element kann in tragbaren Röntgengeräten, wie sie z. B. in Zahnarztpraxen verwendet werden, Röntgenstrahlen abgeben.

Das Metall ist so weich, dass man es schneiden kann.

Laborprobe aus reinem Thulium

Ytterbium

70 Yb

Das weiche Metall reagiert mit Luft und bildet dadurch eine Schicht aus Oxiden auf seiner Oberfläche. Mit geringen Mengen Ytterbium wird manchmal Stahl gehärtet. Seine Verbindungen werden auch in Lasern genutzt.

Laborprobe aus reinem Ytterbium

Glänzendes Metall

Standardzeit →

In dieser hochempfindlichen optischen Uhr schwingen Ytterbiumatome, die von einem Laserstrahl angeregt wurden. Anhand der Schwingungen wird die Zeit gemessen.

Optische Uhr, National Physical Laboratory (England)

Lutetium

71 Lu

Wie die meisten Lanthanoide kommt Lutetium immer mit anderen Elementen aus seiner Gruppe vor. Es ist ein hartes, silberfarbenes Metall mit hoher Dichte. Lutetium ist sehr selten und nur schwer zu gewinnen. Deshalb ist es sehr teuer und seine Nutzung ist begrenzt. Lutetiumverbindungen dienen als Katalysatoren für Reaktionen in der petrochemischen Industrie. Eines der radioaktiven Isotope, das Lutetium-177, wird in der Krebstherapie eingesetzt.

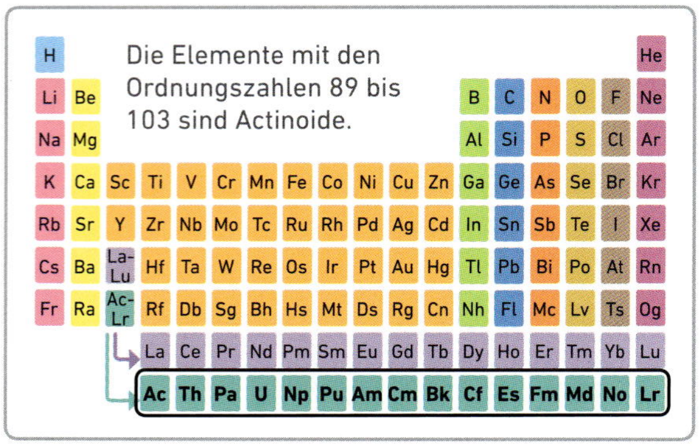

Actinoide

Die Elemente dieser Serie sind stark radioaktive Metalle. Die meisten Actinoide existieren nur als Zerfallsprodukte oder werden künstlich erzeugt. Alle Elemente, die hinter dem Uran folgen, nennt man Transurane. Die meisten von ihnen werden vor allem in der Forschung eingesetzt.

Thorium

90
Th

Das relativ häufige Element Thorium kommt in vielen natürlichen Mineralien vor. Aus Spezialglas mit Thoriumdioxid entstanden früher leistungsstarke Kameralinsen, die aber durch das Thorium radioaktiv wurden. Ob und wie sich Thorium als Kernbrennstoff nutzen ließe, wird weiter erforscht.

Bräunlich-rotes Mineral

← Monazit

Das wichtigste Erz von Thorium ist Monazit, das unterschiedliche Mengen der Elemente Cer, Lanthan, Gadolinium und Neodym enthält. Aufgrund verschiedener Zusammensetzungen sieht Monazit gelb bis bräunlich-rot aus.

Actinium

89
Ac

Das radioaktive Element ist in der Erdkruste nur in winzigen Mengen enthalten und wird im Labor erzeugt. Dazu werden Radiumatome mit Neutronen beschossen. Das Isotop Actinium-225 wird zur Krebsbehandlung genutzt, da es Teilchen abgibt, die Krebszellen angreifen.

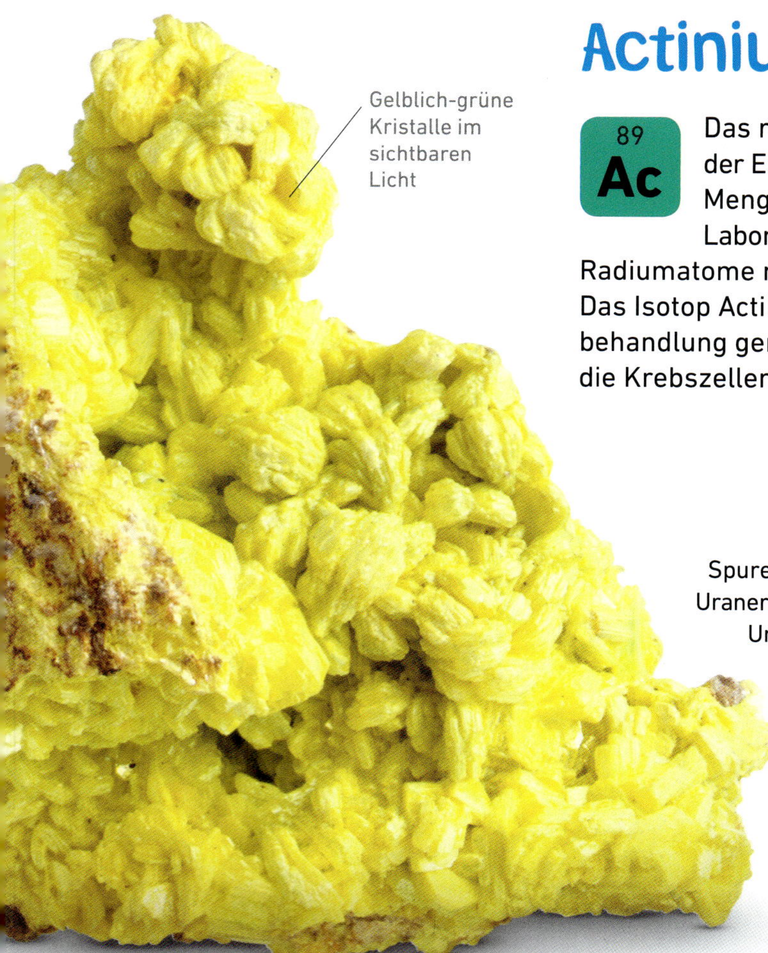

Gelblich-grüne Kristalle im sichtbaren Licht

← Autunit

Spuren von Actinium sind im Uranerz Autunit enthalten. Das Uran in dem Gestein zerfällt auf natürliche Weise. Dabei entstehen ganz wenige Actiniumatome. Autunit-Kristalle leuchten in ultraviolettem Licht hellgrün.

Diese Ampullen, deren Inhalt direkt ins Blut gespritzt wird, enthalten Actinium, Selen und Radium.

↑ Radioaktive Behandlung

Im frühen 20. Jh. wurde Strahlung als Heilmethode für viele Krankheiten und Gesundheitsprobleme angesehen. Intravenöse Injektionen für verschiedene Krankheiten enthielten radioaktive Elemente wie Actinium. Als man später mehr über Radioaktivität wusste, erkannte man die schrecklichen Folgen solcher Behandlungen.

Protactinium

91 Pa

Der Name Protactinium stammt von dem griechischen Wort *protos,* das „zuerst“ bedeutet, und von Actinium. Der Name bezieht sich auf die Tatsache, dass beim radioaktiven Uranzerfall Protactinium vor Actinium entsteht. Ein Isotop von Protactinium wird zur Berechnung des Alters von Meeressand benutzt.

Brüchiges, glänzendes Erz

Torbernit →

Das Mineral enthält Kupfer und Uran. Uran zerfällt und setzt dabei geringe Mengen von Protactinium frei. Die grünen Kristalle sind bei Sammlern beliebt, sie können aber radioaktives Radon abgeben und auf diese Weise der Gesundheit schaden.

← William Crookes

Der englische Chemiker William Crookes (1832–1919) isolierte 1900 Protactinium aus Uran und nannte es Uran-X. Er hatte auch schon 1861 das Element Thallium entdeckt und die Crookesche Röhre erfunden. Mithilfe dieses Geräts wurden die Röntgenstrahlen entdeckt.

Neptunium

93 Np

Früher glaubten viele Wissenschaftler, dass das Periodensystem beim Uran endete. Die Entdeckung von Neptunium 1940 war sehr bedeutsam, weil es als erstes Element nach Uran künstlich erzeugt wurde. Damit eröffnete sich die neue Welt der Transurane. Für ihre Arbeiten hierzu erhielten die US-amerikanischen Chemiker Edwin McMillan (1907–1991) und Glenn T. Seaborg 1951 den Nobelpreis für Chemie.

Uraninit →

Das natürliche Mineral Uraninit wurde zunächst Pechblende genannt. Es besteht vor allem aus Uranverbindungen, enthält aber auch kleine Mengen anderer Elemente wie Neptunium.

Americium

95 Am

Das Element ist ein weiteres, künstlich erzeugtes Actinoid, das erstmals 1944 in den USA synthetisiert wurde. Americium entsteht nur in Kernreaktoren. Es gibt Strahlen ab, mit denen sich die Dicke von Metallblechen bestimmen lässt.

Der Sensor dieses Rauchmelders enthält kleine Mengen Americium.

Rauchmelder →

Die wichtigste Anwendung von Americium sind Rauchmelder. Sie erzeugen einen elektrischen Strom im Gerät. Wenn Rauch den Strom unterbricht, löst er einen Alarm aus. Erst wenn der Rauch abgezogen ist, wird der Alarm abgeschaltet.

Reines Uran

Uran

92
U

Dieses silbergraue Element änderte den Lauf der Geschichte. Seine Auswirkung auf die Welt, sowohl als Kernbrennstoff als auch in Form von Atomwaffen, war enorm. Die Entdeckung der Radioaktivität durch den französischen Physiker und Nobelpreisträger Henri Becquerel (1852–1908) während seiner Untersuchungen von Uran öffnete das Tor zum Atomzeitalter.

↑ Uranabbau

Die Ranger-Uranmine in den Northern Territories (Australien) ist eine der weltweit größten Uranlagerstätten. Die Erze des Elements, z. B. Uraninit und Carnotit, sind in der Erdkruste weit verbreitet. Nach dem Abbau entstehen durch komplizierte chemische Reaktionen Uranoxide. Aus diesen Verbindungen werden die Brennstäbe für Atomkraftwerke hergestellt.

Pilzwolke →

Seit dem Zweiten Weltkrieg wird Uran zum Bau von Atombomben genutzt. Bei dem Prozess der Kernspaltung trifft ein Neutron auf den Atomkern eines bestimmten Uranisotops, spaltet ihn und setzt dabei gewaltige Energiemengen frei. Weil auch Neutronen freigesetzt werden und weitere Atomkerne treffen, setzt sich diese Kettenreaktion immer weiter fort. Bei der katastrophalen Explosion einer Atombombe entsteht eine riesige Explosionswolke, der Atompilz.

Diese Glasur enthält bis zu 14 % Uran.

↑ Radioaktives Rot

Fiestaware stellte ab etwa 1930 ein sehr beliebtes Geschirr her. Die rote Glasur von Tellern, Tassen und Schüsseln enthielt eine bedeutende Menge Uranoxid, sodass sie radioaktiv waren. Die Glasur wurde später nicht mehr verwendet.

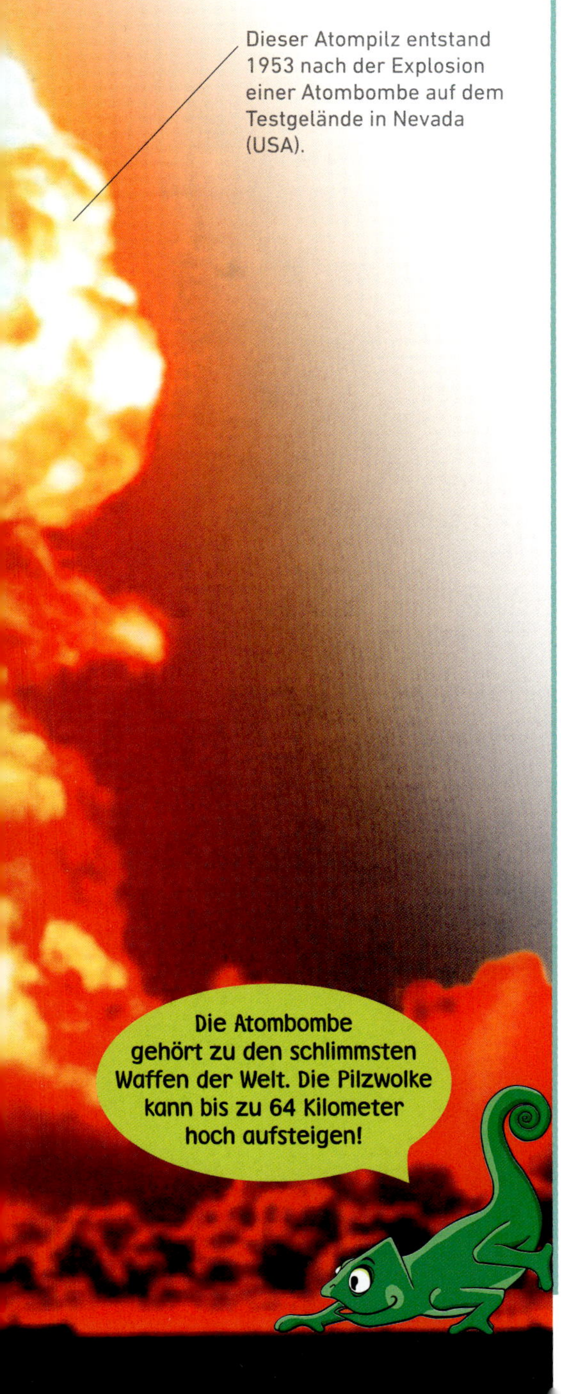

Dieser Atompilz entstand 1953 nach der Explosion einer Atombombe auf dem Testgelände in Nevada (USA).

Plutonium

94
Pu

Plutonium wird wie Uran als Kernbrennstoff genutzt – es ist sogar seine häufigste Nutzung. Das Element wurde nach dem Zwergplaneten Pluto benannt. In der Natur kommen aber nur geringe Mengen vor, sodass es künstlich erzeugt werden muss. Es wurde 1940 in Berkeley (Kalifornien, USA) entdeckt, blieb aber bis 1946 geheim, weil die USA über ihre nationale Sicherheit besorgt waren und mit Plutonium eine Atombombe bauten.

Glühendes Plutoniumoxid wird als Kernbrennstoff genutzt.

Nachbau der Atombombe „Fat Man" im US Air Force Museum and National Aviation Hall of Fame (Ohio, USA)

← Codename: Fat Man

Zwei Atombomben wurden gegen Ende des Zweiten Weltkriegs von den USA auf Japan abgeworfen. Die Plutoniumbombe wurde „Fat Man", was dicker Mann bedeutet, genannt und im August 1945 über der Stadt Nagasaki gezündet. Wenige Tage zuvor war eine Uran-Atombombe über Hiroshima abgeworfen worden. Bei der zerstörerischen Explosion in Nagasaki wurden Plutoniumatome gespalten, die riesige Energiemengen freisetzten.

Computergrafik der Raumsonde *New Horizons* vor Pluto

Weit entfernt →

Die Raumsonde *New Horizons* startete 2006, um den Zwergplaneten Pluto zu erforschen. Sie hatte etwa 10,9 kg Plutonium an Bord – ausreichend Brennstoff, damit ihre Instrumente für zehn Jahre funktionierten. *New Horizons* flog im Juli 2015 sehr dicht an Pluto vorbei.

Curium

96
Cm

Das radioaktive Element wurde nach der in Polen geborenen Chemikerin Marie Curie und ihrem französischen Ehemann Pierre Curie benannt. Curium entdeckte 1944 der amerikanische Chemiker Glenn T. Seaborg an der Universität von Kalifornien in Berkeley. Er erzeugte das Element in einem Zyklotron, in dem Atome mit hoher Geschwindigkeit aufeinanderprallen.

Marie Curie bei einem Experiment in ihrem Labor

Californium

98
Cf

Das Element wurde nach dem Bundesstaat Kalifornien (USA) benannt. Entdeckt haben es 1950 die US-amerikanischen Forscher Stanley Thompson (1893–1953), Kenneth Street Jr. (1920–2006), Albert Ghiorso und Glenn T. Seaborg. Das radioaktive Element wird zur Behandlung von Krebs genutzt und ist auch in tragbaren Metalldetektoren enthalten.

Künstliche Erzeugung →

Diese Proben von Californium sind im Labor hergestellt. Das Element kommt in der Natur nicht vor und wird künstlich erzeugt. Dazu werden Berkeliumatome mit Neutronen beschossen.

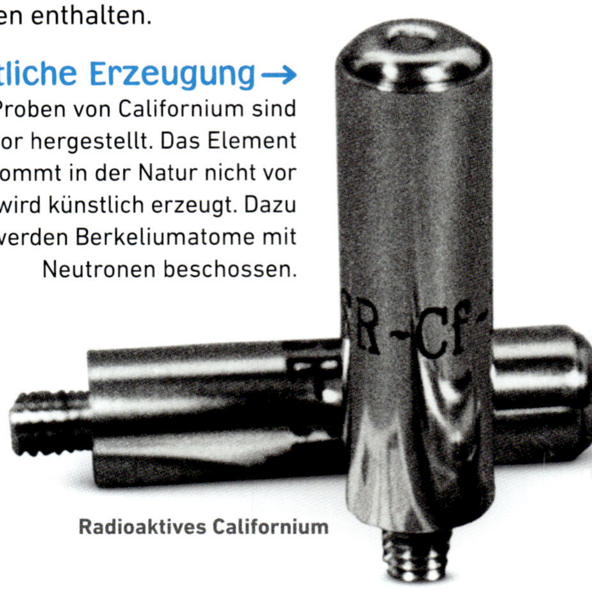

Radioaktives Californium

Berkelium

97
Bk

Das radioaktive, silberweiße Metall wurde nach der Stadt Berkeley in Kalifornien (USA) benannt, in der es erstmals hergestellt wurde. Es wurde 1949 von einer US-amerikanischen Arbeitsgruppe entdeckt: Glenn T. Seaborg, Stanley Thompson und Albert Ghiorso. Das Element ist so selten, dass es heutzutage weder kommerziell noch technisch genutzt wird. Tatsächlich wurde von diesem weichen Element in den USA seit 1967 erst ein Gramm erzeugt.

Einsteinium

99
Es

Das silbrige, metallische Element wurde 1952 entdeckt und nach dem gebürtigen deutschen Physiker Albert Einstein (1879–1955) benannt. Es war eines von zwei Elementen (zusammen mit Fermium), das nach dem Test der ersten Wasserstoffbombe in den Überresten entdeckt wurde.

Physiker Albert Einstein

Fermium

100
Fm

Das Element Fermium wurde nach dem italienischen Physiker Enrico Fermi (1901–1954) benannt, der den ersten Atomreaktor der Welt baute. Es ist ein künstliches Element, das nur in der Forschung eingesetzt wird.

↑Test einer Wasserstoffbombe
Der erste erfolgreiche Test einer Wasserstoffbombe im Pazifik erzeugte 1952 winzige Mengen Fermium. Die Bombe war 1000-mal stärker als die Atombomben der damaligen Zeit.

Nobelium

102
No

Die Entdeckung dieses Elements wurde den amerikanischen Forschern Albert Ghiorso und John R. Walton sowie dem Norweger Torbjørn Sikkeland zugeschrieben. Sie erzeugten Nobelium in einem Zyklotron, in dem Curiumatome auf Kohlenstoffatome prallten. Es ist nach dem schwedischen Chemiker und Ingenieur Alfred Nobel (1833–1896) benannt. Nobelium wird nur in der Forschung verwendet.

Die Nobelpreismedaille zeigt den Kopf des schwedischen Erfinders Alfred Nobel.

Mendelevium

101
Md

Nach der Kollision zwischen Einsteinium und Helium in einem Zyklotron im kalifornischen Berkeley (USA) entstand 1955 ein neues radioaktives Element. Es wurde nach Dmitri Mendelejew benannt, der den ersten Vorläufer des modernen Periodensystems entwickelt hatte. Mendelevium wird nur in der Forschung eingesetzt.

Der russische Chemiker und Erfinder Dmitri Mendelejew

Lawrencium

103
Lr

Wie viele andere künstliche Elemente dient Lawrencium nur wissenschaftlichen Zwecken. Der US-amerikanische Kernphysiker Albert Ghiorso entdeckte Lawrencium am Lawrence Berkeley National Laboratory (Kalifornien, USA), als er in einem Zyklotron Boratome mit Californiumatomen beschoss. Das Element ist nach Ernest Lawrence benannt, dem Erfinder des Zyklotrons.

Der US-amerikanische Physiker Ernest Lawrence am Zyklotron

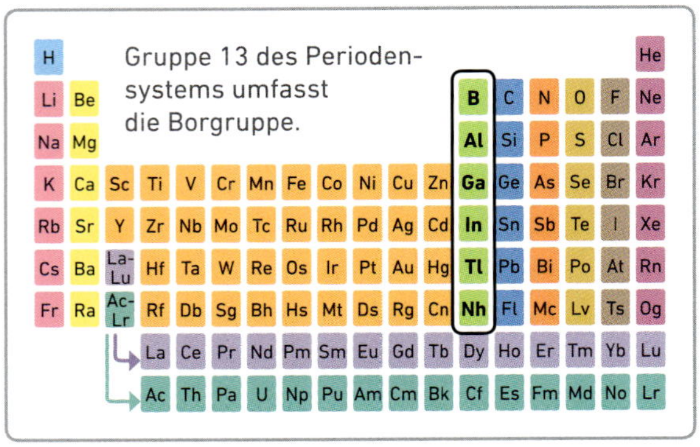

Die Borgruppe

Abgesehen von dem Halbmetall Bor sind alle Elemente dieser Gruppe Metalle. Aluminium kommt in der Erdkruste häufig vor, lässt sich aber nur schwer gewinnen. Reines Gallium ist glänzend und so weich, dass es bei Zimmertemperatur schmilzt. Viele wichtige Verbindungen für moderne Elektronik enthalten Indium, während Thallium tödlich giftig ist. Über Nihonium ist nur wenig bekannt – es ist das einzige künstliche Element der Gruppe.

Glänzendes, silbriges Metall

Reines Aluminium, hergestellt im Labor

Aluminium

13 Al

Aluminium ist das häufigste Metall und hinter Sauerstoff und Silizium das dritthäufigste Element in der Erdkruste. Für das leichte und feste Metall gibt es in Industrie und Konstruktion viele Verwendungen, vor allem im Flugzeugbau.

Helles Blau →

Korund besteht vorwiegend aus Aluminiumoxid und ist ein natürliches, kristallartiges Mineral. Andere Elemente geben ihm verschiedene Farben und machen es so zum Edelstein. Verunreinigungen mit Chrom führen zu roten Rubinen, während Spuren von Eisen und Titan blaue Saphire ergeben.

Blauer Saphir

Die grünlich-blaue Oberfläche ist weich und zerkratzt leicht.

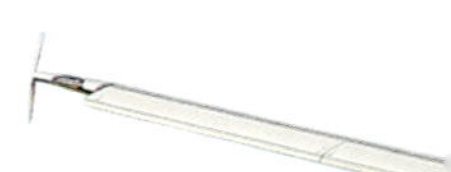

← Variszit

Viele Aluminiumerze kommen natürlich vor. Variszit entsteht in phosphatreichen Gewässern, in denen natürliche Verbindungen des Phosphors mit aluminiumreichen Gesteinen reagieren. Das auffällige, grün-blaue Mineral Variszit wird manchmal mit dem Edelstein Türkis verwechselt.

Dunkles, leicht glänzendes Metall

Laborprobe aus reinem Bor

Bor

5
B

In der Natur ist Bor in geringen Mengen wichtig für das gesunde Pflanzenwachstum. Einige Borverbindungen wirken auf natürliche Weise keimtötend und können kleinere Wunden heilen. Das harte Halbmetall wird zur Herstellung des hitzefesten Glases Borosilikat verwendet. Bor wird auch zur Verstärkung von Glasfasern eingesetzt.

Hitzefeste Folie

← Frisch halten

Das Metall Aluminium lässt sich zu dünnen Folien auswalzen, mit denen Lebensmittel und Medikamente verpackt werden. Sie sind nur Bruchteile eines Millimeters dick und schützen vor Licht, Luftsauerstoff, Feuchtigkeit und Bakterien.

↑ Elektrizität leiten

Aluminium leitet Elektrizität ausgezeichnet und eignet sich daher gut für Stromleitungen. Weil Aluminium so leicht ist, braucht man weniger Masten. Dadurch sinken die Kosten für deren Aufstellung und Stromnetze werden schneller errichtet.

Recycling →

Obwohl Aluminium das häufigste Metall auf der Erde ist, ist seine Gewinnung sehr teuer. Da Aluminiumoxid einen hohen Schmelzpunkt hat, braucht man viel Energie, um das Metall aus der Verbindung zu lösen. Für die Industrie ist es wichtig, das Metall zu recyclen, weil dies 90 % weniger Energie benötigt als die Herstellung. Oft werden aus recyceltem Aluminium Getränkedosen hergestellt. Diese werden weltweit auch am häufigsten recycelt.

Eine normale Dose kann 70 % recyceltes Aluminium enthalten.

Ein Aluminiumrumpf ist leicht, sodass das Flugzeug weniger Kerosin verbraucht.

← Flugzeugbau

Aluminium ist leicht, stabil, korrosionsfest und eignet sich hervorragend für den Bau von Flugzeugen. Ein modernes Flugzeug besteht bis zu 80 % aus Aluminium – sowohl in der Reinform als auch in vielen, festen Legierungen.

Gallium

31
Ga

Das weiche, silbrige Metall sieht aus wie Aluminium. Doch im Gegensatz zu Aluminium hat das Element einen viel tieferen Schmelzpunkt von 29 °C. Reines Gallium schmilzt bereits durch die Körperwärme in der Hand. Einige Verbindungen von Gallium sind in Halbleitern sehr nützlich und daher weit verbreitet in der Elektronikindustrie.

Festes, reines Gallium, das schmilzt.

← Diaspor

Mineralien, die Gallium enthalten, sind selten. Geringe Mengen von Gallium findet man in Erzen wie Diaspor. Andere Erze wie Sphalerit, Germanit und Bauxit besitzen Spuren von Gallium.

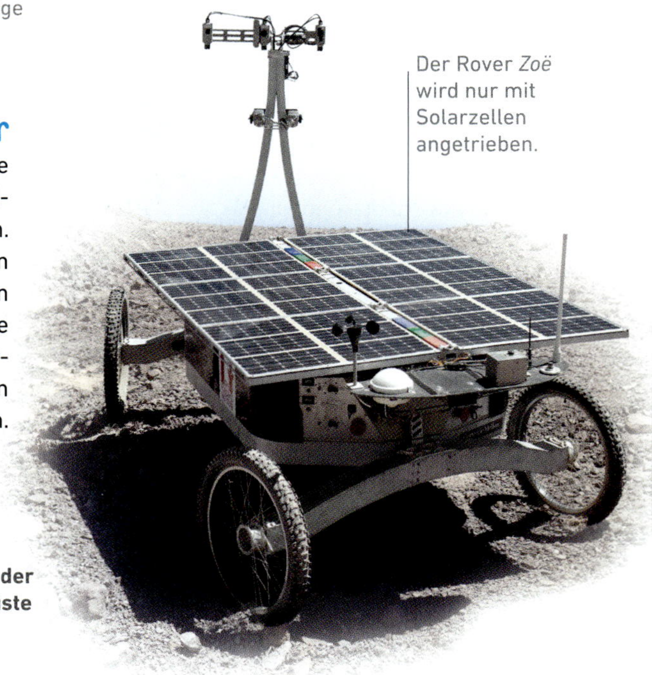

Rover *Zoë* in der Atacama-Wüste

← Suche nach Leben

Zoë ist ein Rover, der von Forschern an der Carnegie Mellon University (Pennsylvania, USA) gebaut wurde. Die Solarzellen auf dem Rover erzeugen Strom. Sie enthalten die Verbindung Galliumarsenid. Der Rover suchte 2005 zum ersten Mal in der trockenen Umgebung der südamerikanischen Atacama-Wüste nach mikroskopisch kleinen Lebewesen. Bei solchen Übungen wird die Technik für zukünftige Rover auf dem Mars getestet.

↓ Vielfältige Farben

Galliumarsenid ist eine von mehreren Galliumverbindungen, die in LEDs (Licht emittierenden Dioden) Strom in Licht umwandeln. LEDs gibt es in vielen Farben und sie sparen im Vergleich zu Glühlampen bis zu 80 % Energie. Es gibt sie in Lampen, Ampeln, Scheinwerfern und Bremslichtern.

Indium

49
In

Das Element ist nach der leuchtend blauen Farbe Indigo benannt, die ihre Atome abgibt, wenn Strom hindurchfließt. Indium kommt in der Natur in Mineralien vor, die auch Zink oder Eisen enthalten. Heute wird es zur Herstellung von Touchscreens genutzt. Ebenso wie Zinn erzeugt das Metall ein schrilles Geräusch, wenn es gebogen wird.

Laborgussform mit reinem Indium

Entdeckung von Indigo →

Indiumsalze erzeugen eine indigoblaue Farbe, wenn sie stark erhitzt werden. Der deutsche Chemiker Ferdinand Reich (1799–1882) ist der Entdecker von Indium. Da er farbenblind war, brauchte er seinen Kollegen Hieronymus Richter, um die Indigolinie im Farbspektrum von Indium zu sehen. Als Richter dann die Entdeckung des Indiums für sich beanspruchte, trennten sich die beiden im Streit.

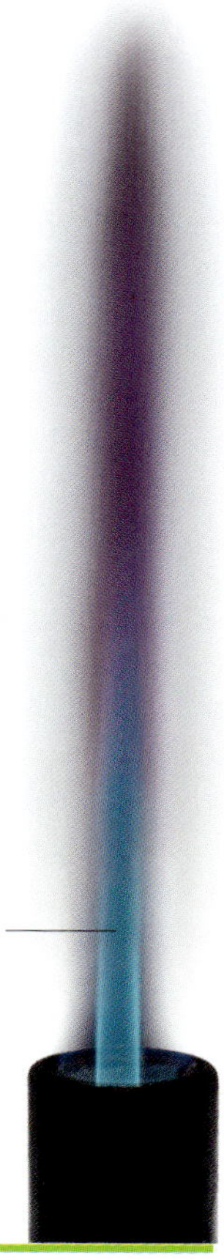
Indigoblaue Flamme

Indium gewinnen →

Spuren von Indium gibt es in mehreren Mineralien wie Sphalerit, Quarz und Pyrit. Das Element wird jedoch häufig als Beiprodukt bei der Produktion von Zink und Kupfer gewonnen.

Sphalerit

↓ Touchscreenproduktion

Aus Indium entsteht hauptsächlich Indiumzinnoxid, eine Verbindung für Touchscreens und Solarzellen. Wegen der großen Nachfrage nach Geräten mit Touchscreens ist Indium inzwischen schwer zu erhalten.

Thallium

81
Tl

Das giftige Element ist nach *thallos* benannt, dem griechischen Wort für „grüner Trieb“. Thallium gibt eine kräftige grüne Farbe ab, wenn es direkt in einer Flamme verbrennt. Thallium wurde früher häufig als Gift gegen Nagetiere eingesetzt, bis es 1972 aufgrund vieler Unfalltote in den USA verboten wurde.

Das weiche Metall lagert in einem dichten Glasrohr, da es hochgiftig ist.

Laborprobe aus reinem Thallium in einer luftleeren Ampulle

Nihonium

113
Nh

Seinen Namen und Platz im Periodensystem erhielt Nihonium erst 2016. Damit ist es die jüngste Ergänzung des Systems. Es ist nach *Nihon* benannt, dem japanischen Wort für Japan. In diesem Land wurde das Element erzeugt. Es besitzt keine bekannte Verwendung.

Geschichte der Entdeckung ↓

Russische Forscher beanspruchten die Entdeckung von Nihonium zuerst, aber letztendlich erhielt eine Arbeitsgruppe am RIKEN (Institut für Physikalische und Chemische Forschung) in Japan die Anerkennung der Entdeckung von Element Nummer 113.

Kosuke Morita, Leiter des RIKEN

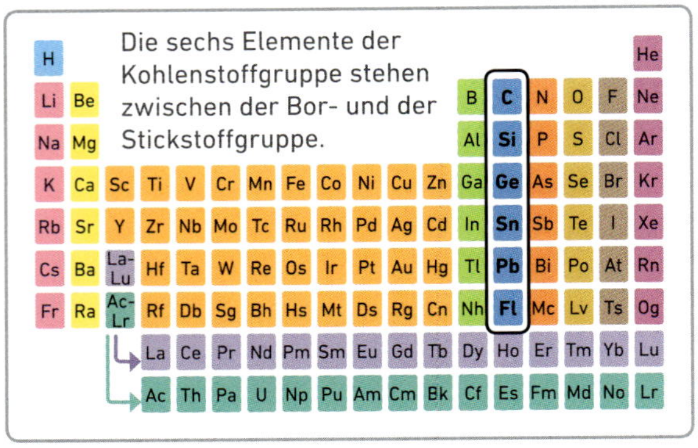

Die sechs Elemente der Kohlenstoffgruppe stehen zwischen der Bor- und der Stickstoffgruppe.

Die Kohlenstoffgruppe

Wie ihre Nachbarn links und rechts im Periodensystem ist auch die Kohlenstoffgruppe eine Mischung aus verschiedenen Elementen. Kohlenstoff ist ein Nichtmetall, Silizium und Germanium sind dagegen Halbmetalle. Zinn und Blei sind Metalle, die in der Industrie seit Jahrhunderten verwendet werden, während Flerovium ein künstliches Element ist, das nur für Forschungszwecke genutzt wird.

Ungeschliffener Diamant, eine Form des Kohlenstoffs

Farbloses, kristallines Mineral

Kohlenstoff

6 C

Element Nummer 6 ist eins der wichtigsten unter allen bekannten 118 Elementen. Alle Lebewesen auf der Erde enthalten Kohlenstoffatome. Kohlenstoff ist einzigartig, weil er mit sich selbst Millionen Verbindungen bilden kann, darunter auch die, ohne die es kein Leben gäbe: Aminosäuren, Fette, Öle und DNA-Moleküle. Kohlenstoff ist überall – in fossilen Brennstoffen ebenso wie in Diamanten, Kunststoffen und in allen Lebewesen.

Weiches Graphit

↑ Gewöhnlicher Kohlenstoff

Graphit und Diamant sind zwei Formen des Kohlenstoffs. Durch ihre auffällig unterschiedlichen Atomstrukturen haben sie sehr verschiedene Eigenschaften. Graphit, das z. B. in Bleistiften enthalten ist, ist weich und glatt, während Diamant ein extrem harter, wertvoller Edelstein ist. Er wird in der Industrie zum Schneiden benutzt.

Glasartiger Kohlenstoff →

Dieses künstliche Material ist Glaskohlenstoff. Er besitzt einen hohen Wärmewiderstand und reagiert kaum mit Sauerstoff. Deshalb nutzt man ihn für sehr hohe Temperaturen, also z. B. für Schmelztiegel, die geschmolzene Metalle enthalten.

Analyse fossiler Knochen

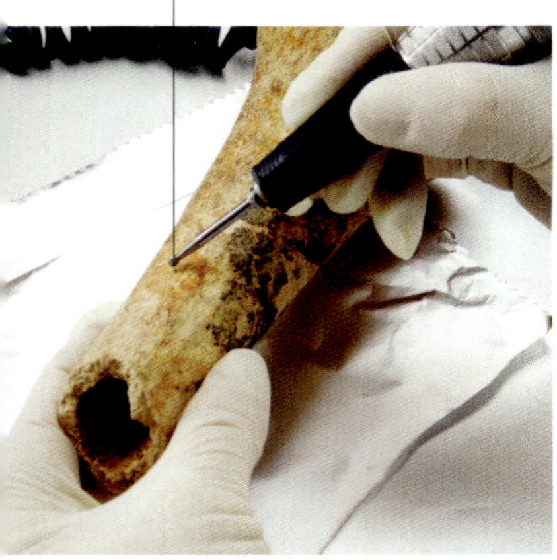

← Kohlenstoffdatierung

Mit dem radioaktiven Isotop Kohlenstoff-14 wird das Alter sehr alter Materialien wie dieser Knochen bestimmt. Das Isotop zerfällt im Lauf der Jahre. Bestimmt man die jetzt vorhandene Menge des Isotops, kann man anhand seiner Halbwertszeit das Alter des Materials berechnen.

Formel-Eins-Rennwagen

Silizium

14 **Si**

Das zweithäufigste Element der Erdkruste nach Sauerstoff bildet die Grundlage vieler Gesteine. Silizium ist überall auf der Erde vorhanden und als Siliziumdioxid der Hauptbestandteil von Sand. Reines Silizium ist ein bläulich grauer Feststoff.

Glänzender, brüchiger Stoff

Laborprobe aus reinem Silizium

↑Mikrochip

Moderne Geräte von Smartphones bis hin zu Raketen brauchen Mikrochips, die Informationen speichern und verarbeiten. Ein Mikrochip entsteht aus einem winzigen Siliziumwafer – einem Halbleiter, der elektrische Signale präzise und schnell steuert.

Plastiktüte und -dose

↑Starker Kunststoff

Plastik besteht aus langen Ketten von Kohlenstoffatomen. Die Ketten enthalten auch andere Elemente wie Wasserstoff, Sauerstoff, Fluor oder Chlor, sodass für unterschiedliche Zwecke verschiedene Plastiksorten hergestellt werden können. Plastik ist wasserfest, relativ preiswert und im Alltag weit verbreitet.

Fossile Brennstoffe→

Kohle, Erdgas und Erdöl sind kohlenstoffhaltige fossile Brennstoffe. Sie bildeten sich aus Überresten alter Organismen. Heute sind sie die Grundlage der Energieversorgung, aber sie verschmutzen die Umwelt.

Hier entweichen Schadstoffe.

Der Kühlturm gibt Wasserdampf ab.

↓Leicht und fest zugleich

Ein leichtes, sehr hartes, künstliches Material ist Carbon, oder genauer: carbonfaserverstärkter Kunststoff. Er ersetzt in der Luftfahrt- und Autoindustrie schwere Materialien wie Stahl. Rennwagen mit Bauteilen aus Carbon sind leichter und schneller als frühere Rennautos.

Zinn

50 **Sn**

Seit 3000 v. Chr. wird Zinn abgebaut. Es bildet mit Kupfer die Legierung Bronze, die in der Entwicklung vieler Kulturen eine wichtige Rolle spielte. Aus Bronze entstanden Waffen, Werkzeuge, Gebrauchsgegenstände und Statuen. Aus Zinn und Blei entsteht Lötzinn – eine schmelzbare Legierung, mit der Metalle miteinander verschweißt werden.

Blass silbernes Metall

Laborprobe aus reinem Zinn

Auguste Rodins (1840–1917) Bronzeskulptur „Der Denker"

Bronze →

Die meisten modernen Bronzeskulpturen enthalten ungefähr 10 % Zinn (der Rest ist Kupfer). Bronze rostet nicht, ist härter als Eisen und wird seit fast 5000 Jahren von Bildhauern verwendet.

Zinnspielzeug von 1900

← Spielzeug

Weil Zinn sich so gut formen lässt, wird aus Zinn seit etwa 200 Jahren Spielzeug hergestellt. Zinnspielzeug besteht häufig aus Weißblech – das sind Stahlplatten, die dünn mit Zinn beschichtet sind. Viele solcher Spielzeuge sind heute Sammlerstücke.

Germanium

32 **Ge**

Das brüchige Halbmetall wurde 1886 von dem deutschen Chemiker Clemens Alexander Winkler (1838–1904) entdeckt. Es ist nach Deutschland benannt. Germanium ist ein wichtiges Element der Technologie. Es wird zur Herstellung von hochwertigen Linsen für Kameras und Mikroskope genutzt.

Germaniumscheibe, hergestellt im Labor

← Computerchips

Wie Silizium ist Germanium ein Halbleiter, sodass beide zusammen oft für Computerchips verwendet werden. Sie ermöglichen Datenübertragungen mit sehr hohen Geschwindigkeiten.

Flerovium

114 **Fl**

Das künstliche Element Flerovium wurde zuerst 1998 erzeugt, als russische Forscher Plutonium mit Calciumatomen beschossen. Das hochradioaktive Element erhielt 2012 seinen Namen und Platz in der Gruppe 14 des Periodensystems. Einige Forscher glauben, dass es sich wie die Edelgase in Gruppe 18 verhält.

Georgi Fljorow →

Flerovium ist nach dem Flerov Labor für Kernforschung in Russland benannt, wo das Element entdeckt wurde. Das Labor selbst ist nach dem russischen Physiker Georgi Fljorow (1913–1990) benannt.

Blei

82
Pb

Wie auch Zinn werden Blei und seine Verbindungen seit ungefähr 5000 Jahren genutzt. Das graue Metall ist weich, verformbar und korrosionsfest. Früher wurden viele Dinge aus Blei hergestellt, darunter Münzen, Abwasserrohre oder Glasuren. Da es giftig ist, wird es heute seltener verwendet. Autobatterien, Elektrokabel und gefärbtes Glas werden noch produziert.

Mattes, graues Metall

Reines Blei, hergestellt im Labor

Glänzende, grüne Glasur

Chinesisches Steingutmodell eines Schweinestalls (späte Han-Dynastie, 206 v. Chr. – 220 n. Chr.)

↑Bleiglasur

Die grüne Glasur dieses Schweinestallmodells aus dem alten China besteht aus Bleiverbindungen. Solche Beschichtungen machen Keramik und Steingut wasserfest. Nach dem Brennen wird die Bleiglasur glänzend.

Die bräunlich-gelben Kristalle enthalten eine Bleiverbindung.

↑Anglesit

Das Mineral enthält Bleisulfat und gehört zu den Hauptquellen von Blei. In der Natur entsteht Anglesit natürlich, wenn Sauerstoff mit Galena – einem weiteren Erz, das Blei enthält – reagiert.

Zusätzlicher Glanz→

Bleikristall ist ein dekoratives Glas, das mindestens 24 % Bleioxid enthält, und deshalb so schwer ist. Es beugt Licht mehr als normale Kristalle und funkelt wunderschön. Bevor die Gesundheitsrisiken bekannt wurden, wurde es häufig genutzt.

Bleikristall hat einen auffälligen Grauton und hellen Glanz.

Moderne Autobatterien mit Blei und Schwefel sind dicht und wartungsfrei.

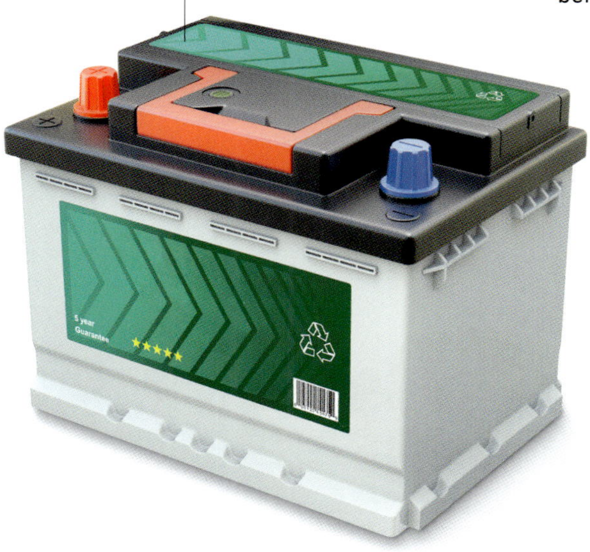

Autobatterie→

Eine wiederaufladbare Autobatterie nennt man auch Blei-Säure-Batterie. Sie enthält normalerweise Platten, die mit Bleidioxid beschichtet und in Schwefelsäure eingetaucht sind. Eine Autobatterie versorgt die Autoelektrik, also z. B. Scheinwerfer und Zündung.

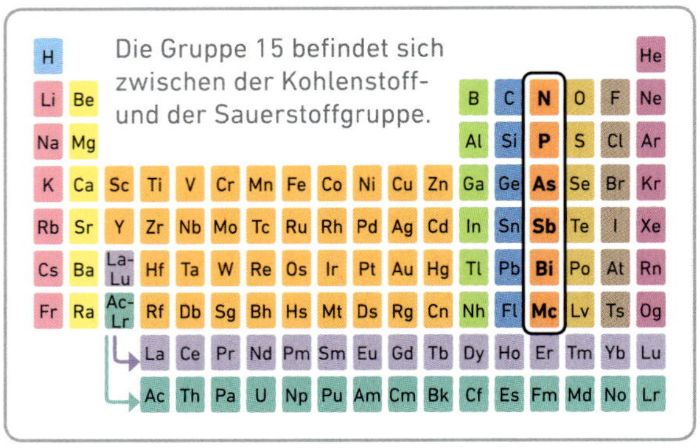

Die Gruppe 15 befindet sich zwischen der Kohlenstoff- und der Sauerstoffgruppe.

Die Stickstoffgruppe

Die Metalle, Halbmetalle und Nichtmetalle in dieser Gruppe nennt man auch *Pnictogene*, das altgriechische Wort für „Ersticken". Der Begriff bezieht sich auf die mögliche Giftigkeit von Stickstoff, dem einzigen Gas dieser Gruppe. Alle anderen Elemente sind Feststoffe. Phosphor ist das reaktionsfreudigste Mitglied. Das neueste Element der Gruppe, Moscovium, ist noch weitgehend unbekannt.

Stickstoff

7
N

Das Element bildet etwa 78 % der Erdatmosphäre. Stickstoff ist ein unsichtbares, geruchloses Gas, das in einem ständigen Kreislauf zwischen Umwelt und Lebewesen ausgetauscht wird. Im Boden spielt Stickstoff eine lebenswichtige Rolle für das Wachstum von Pflanzen und Pilzen. Tiere bauen Stickstoff in die für sie lebensnotwendigen Eiweiße (Proteine) ein.

Wenn Stickstoff – wie in dieser Glaskugel – elektrisch angeregt wird, leuchtet das Gas violett.

↑Nitronatit

Diese Verbindung aus Natrium und Stickstoff ist eines der seltenen, natürlichen Mineralien, die stickstoffreich sind. Es kommt in trockenen, ausgedörrten Gebieten vor und ist normalerweise weiß oder blassrosa.

Stickstoffzyklus →

Stickstoff ist für alle Ökosysteme lebensnotwendig. Er wird laufend zwischen Atmosphäre, Erdoberfläche und Lebewesen (Pflanzen, Tieren, Pilzen und Bakterien) ausgetauscht.

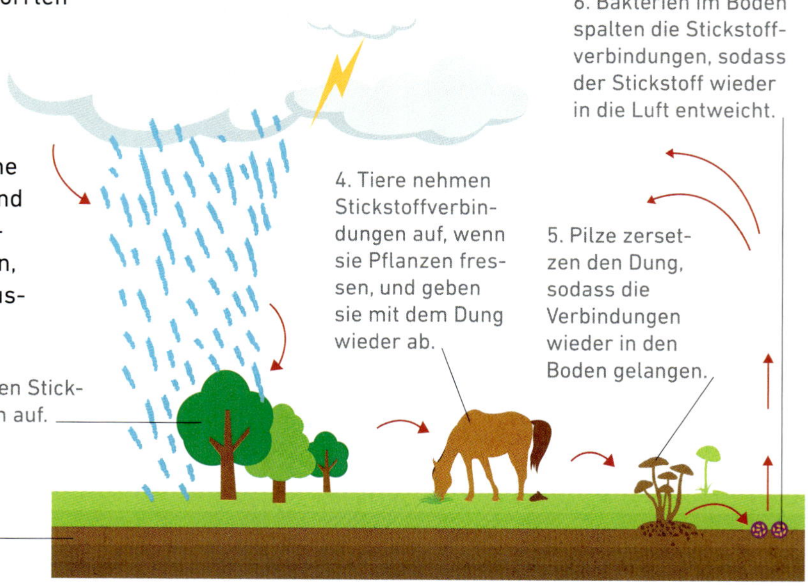

Phosphor

15
P

Reiner Phosphor kann sich spontan entzünden. Trotzdem spielt er eine wichtige Rolle beim Menschen. Ebenso wie Calcium stärkt Phosphor Knochen und Zähne. Er ist auch in Desoxyribonukleinsäure (DNA) enthalten, dem wichtigen Molekül in den Zellen, das die Erbinformationen trägt.

↑Apatit

Das phosphorreiche Erz erhielt seinen Namen von dem griechischen Wort *apate* für „Betrug", weil Apatit häufig an Kristalle anderer Mineralien wie Aquamarin erinnert. Es wird vor allem zur Herstellung von Dünger verwendet, der Phosphor benötigt.

Geschmack↓

350 ml Cola enthalten rund 60 mg Phosphor in Form von Phosphorsäure. Diese Zutat ist in Limonaden weit verbreitet, damit sie spritziger schmecken. Sie verhindert auch, dass sich Bakterien im Getränk vermehren.

Glas Cola

Vorsicht Falle!→

Alle Pflanzen brauchen zum Wachsen viel Stickstoff. Die Venusfliegenfalle wächst auf stickstoffarmen Böden, sodass sie ihren Stickstoffbedarf mit Insekten deckt. Sie fängt Insekten in ihren druckempfindlichen Blättern, die sich zu einem magenartigen Raum schließen. Darin sondert sie dann flüssige Substanzen ab, die die Beute in chemische Verbindungen zersetzen. Diese werden durch die Blattoberfläche aufgenommen.

Venusfliegenfalle

Fliegen versorgen diese Pflanze mit 75 % des benötigten Stickstoffs.

Die dichte, orange-braune Atmosphäre auf Titan besteht hauptsächlich aus Stickstoff.

↑Stickstoffreiche Atmosphäre

Der größte Saturnmond Titan ist ungewöhnlich. Er hat als einziger Mond des Sonnensystems eine Atmosphäre, die zu 98 % aus Stickstoff besteht. Die restlichen 2 % bilden Wasserstoff und Methan. Vermutlich stammt der Stickstoff in der Titanatmosphäre von Kometen, die vor Millionen Jahren auf dem Mond einschlugen.

Treibstoff aus Stickstoff entwickelt doppelt so viel Kraft wie der aus Benzin.

↑Dragster-Antrieb

Nitromethan ist eine einfache Verbindung aus Kohlenstoff, Wasserstoff und Stickstoff. Er ist ein kraftvoller Treibstoff, mit dem Dragster auf Geschwindigkeiten von mehr als 480 km/h beschleunigen können.

Arsen

33
As

Arsen ist eines der wenigen Elemente, die Eigenschaften von Metallen und Nichtmetallen zeigen. Man nennt diese Metalle Halbmetalle. Arsen befindet sich in vielen Mineralien, häufig in Verbindung mit Sauerstoff, Chlor oder Schwefel. Obwohl Arsen tödlich giftig ist, wurde es früher als Medikament genutzt. Bei einer Arsenvergiftung sammelt es sich in Haaren und Fingernägeln an – hier ist es nachweisbar.

Als Metall ist Arsen glänzend und grau.

Reines Arsen, hergestellt im Labor

Realgarkristalle

↑ Realgar

Das Mineral mit Arsensulfid findet man in heißen, vulkanischen Quellen. Es ist eine wichtige Arsenquelle. Realgar ist giftig und wurde als Rattengift und zur Unkrautvernichtung genutzt.

Arsen nachweisen →

Zu Beginn des 19. Jh. wurden Lebensmittel oder Getränke oft mit den geschmack- und geruchlosen Arsenverbindungen vergiftet. Der englische Chemiker James Marsh (1794–1846) entwickelte 1836 eine Methode, mit der sich selbst Spuren von Arsen nachweisen ließen. Sie wurde später Marshsche Probe genannt.

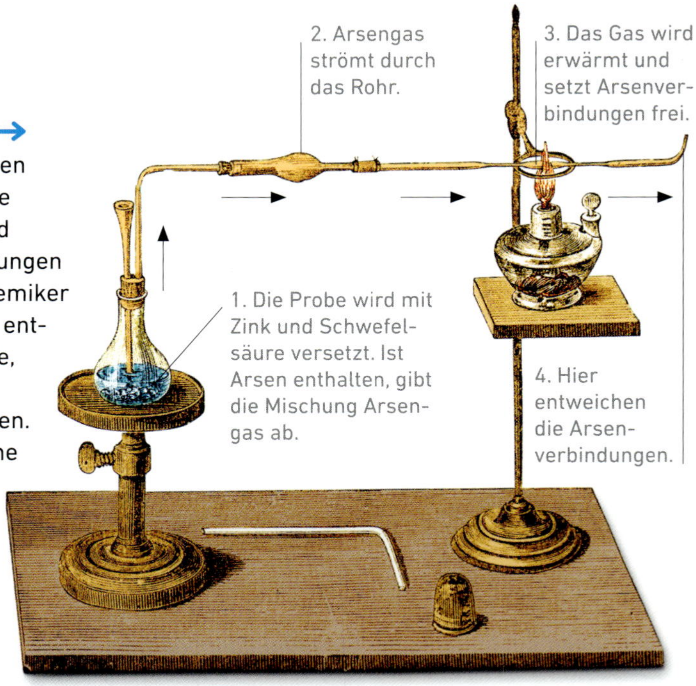

Vulkanischer Dampf setzt Arsen in die Atmosphäre frei.

Arsen reichert sich in Farnblättern an und bildet eine natürliche Abwehr gegen Fressfeinde wie Heuschrecken.

← Giftiger Farn

Ein ungewöhnlicher chinesischer Saumfarn kann große Mengen Arsen aus dem Boden aufnehmen. Das giftige Element schützt den Farn vor Feinden. Um landwirtschaftliche Böden von Giften zu reinigen, pflanzen viele Landwirte weltweit diesen Farn an. Das überschüssige Arsen im Boden stammt von Insektiziden, mit denen früher gespritzt wurde.

← Explosive Gase

Viele Mineralien der Erdkruste enthalten Arsenverbindungen, die mit vulkanischen Gasen in die Atmosphäre gelangen. Bei einem Vulkanausbruch gelangen komplizierte Stoffmischungen wie Arsen in die Umgebung. Es kann die Luft oder das Grundwasser vergiften.

Antimon

51
Sb

Das Halbmetall kommt in zwei Formen vor – als brüchiges, silbernes Metall und als graues Pulver. Das Symbol „Sb“ stammt nicht von seinem Namen, sondern von dem lateinischen Wort *stibium* für die Antimonverbindung Antimonsulfid. Diese wird für die Herstellung bestimmter Kunststoffe verwendet.

Kajalpuder ist ein schwarzer Stift.

Gemälde des ägyptischen Pharaos Amenhotep I.

← Alte Augenkosmetik

Verbindungen mit Antimon wurden in vielen Kulturen für schwarze Lidstriche benutzt. Meist sind sie als Kajalpuder bekannt. Das Puder ist aber umstritten, weil es mit giftigem Antimon und Blei produziert wird.

Das silberne Halbmetall ist hart, aber brüchig.

Reine Antimonkristalle, hergestellt im Labor

Antimonvergiftung? →

Über den frühen Tod Wolfgang Amadeus Mozarts (1756–1791) im Alter von 35 Jahren existiert die Theorie, das er versehentlich eine Vergiftung mit Antimon erlitt, das ihm als Medikament verschrieben worden war. Das Gemälde *The Death Of Mozart* („Mozarts Tod“) des irischen Malers Henry O’Neill zeigt den vergifteten Komponisten kurz vor seinem Tod.

Bismut

83
Bi

Das Schwermetall Bismut hat einen niedrigen Schmelzpunkt und bildet Kristalle in allen Regenbogenfarben. Eine Oxidschicht auf der Oberfläche erzeugt hellgelbe, rosafarbene, rote und blaue Töne. Bismut war im 15. Jh. in Deutschland äußerst beliebt. Es wurde oft zur Dekoration verwendet, z. B. für Holztruhen.

Bismutkristalle, hergestellt im Labor

Make-up ↑

Der Glanz von Kosmetikprodukten wie Nagellack stammt von der Verbindung Bismutoxychlorid. Wenn Licht darauf fällt, erzeugen seine Kristalle einen perlmuttfarbenen Glanz. Die Verbindung wird seit altägyptischen Zeiten in Kosmetik genutzt.

Moscovium

115
Mc

Eines der jüngeren Elemente im Periodensystem ist Moscovium, das nach der russischen Hauptstadt benannt ist. In Moskau fand ein wesentlicher Teil der Forschungen statt, die zur Erzeugung des künstlichen Elements führten. Moscovium ist hochradioaktiv und seine Atome zerfallen so schnell, dass sich seine Eigenschaften kaum bestimmen lassen. Vermutlich ist Moscovium ein festes Metall. Derzeit hat es keine Anwendungen.

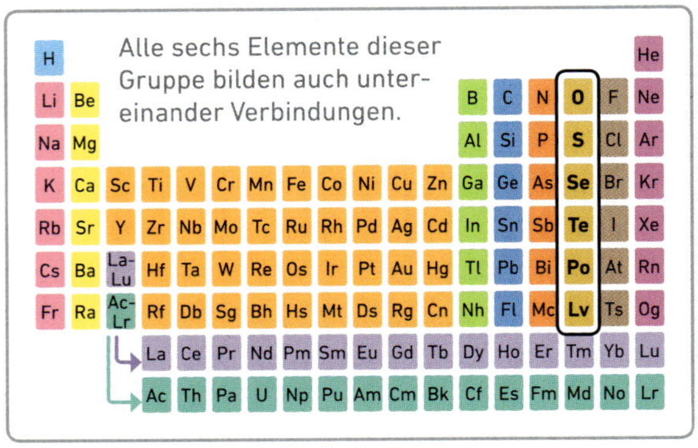

Die Sauerstoffgruppe

Diese Elemente werden auch Chalkogene genannt. Die Bezeichnung stammt von dem griechischen Wort *chalcos*, das „Erzbildner“ bedeutet. Die meisten Metallerze sind Verbindungen mit Sauerstoff oder Schwefel, die beide zu dieser Gruppe gehören. Sauerstoff ist ein Gas, aber die anderen Mitglieder der Gruppe sind bei Raumtemperatur fest. Sauerstoff und Schwefel sind Nichtmetalle, Selen, Tellur und Polonium sind Halbmetalle. Die Eigenschaften des künstlichen Elements Livermorium sind fast gänzlich unbekannt.

Sauerstoff

8 O

Das dritthäufigste Element im Universum stellt 21 % der Luft dar, die wir einatmen. Das farblose Gas wird bei −183 °C zu einer blauen Flüssigkeit, die u. a. als Raketentreibstoff dient. Sauerstoff kommt in verschiedenen Formen vor, z. B. als Ozon in der Atmosphäre, das die Erde vor schädlichen, ultravioletten Sonnenstrahlen schützt.

Der Sauerstoff in dieser Glaskugel leuchtet silber-blau, wenn er elektrisch angeregt wird.

Sauerstoffreaktion →

Eine Oxidation ist eine chemische Reaktion von Sauerstoff mit anderen Elementen. Ein angeschnittener Apfel wird braun, weil Luftsauerstoff mit Molekülen in den Zellen des Apfels reagiert. Zusammen mit Wasser führt Sauerstoff dazu, dass Stahl rostet. Eisen reagiert nämlich mit Sauerstoff zu orange-rotem Eisenoxid, das als Rost bezeichnet wird.

Ein Apfel verfärbt sich durch Oxidation braun.

← Sauerstoffzyklus

Alle Lebewesen brauchen Sauerstoff, um zu überleben. Tiere an Land und im Wasser nehmen beim Atmen Sauerstoff auf. Doch während Tiere Kohlendioxid ausatmen, nehmen Pflanzen dieses Gas auf. Mit Sonnenlicht und Wasser erzeugen sie daraus Energie und geben Sauerstoff in die Atmosphäre ab. Bei diesem Prozess, der Fotosynthese, entstehen auch Zuckermoleküle.

Spezialmasken versorgen Bergsteiger mit Sauerstoff aus einer Flasche.

Carl Wilhelm Scheele

Joseph Priestley

↑ Umstrittene Geschichte

Früher verbreiteten sich Nachrichten nur langsam. Das führte manchmal zu Missverständnissen über den Entdecker eines Elements. Auch wer den Sauerstoff entdeckt hat, ist umstritten. Der deutsch-schwedische Chemiker Carl Wilhelm Scheele (1742–1786) identifizierte ihn zuerst, aber der englische Chemiker Joseph Priestly (1733–1804) veröffentlichte die Entdeckung des Sauerstoffs noch vor ihm. Deshalb wird er häufig als Entdecker bezeichnet.

↑ Dünne Luft

In großen Höhen, z. B. im Hochgebirge, ist die Luft dünner als auf Meeresniveau und enthält weniger Sauerstoff. Dadurch fällt das Atmen schwerer. Bergsteiger nehmen deshalb häufig eine Sauerstoffflasche mit, sodass sie genug Sauerstoff erhalten.

Die grüne Farbe entsteht durch Sauerstoff, der bis in Höhen von 95 km über der Erdoberfläche reicht.

Holz benötigt zum Brennen Luftsauerstoff.

Verbrennen →

Für Verbrennungsreaktionen müssen drei Voraussetzungen erfüllt sein: Sie benötigen Sauerstoff für die chemische Reaktion, einen Brennstoff wie Holz und die Freisetzung von Wärme, z. B. in Form von Flammen. Sobald Flammen keinen Sauerstoff mehr erhalten, erlischt das Feuer.

Farbenprächtiger Himmel →

Polarlichter sind natürliche Leuchterscheinungen am Himmel über den Polen, die durch das Zusammenstoßen von Teilchen des Sonnenwinds mit Gasmolekülen in der Erdatmosphäre entstehen. Sauerstoff und Stickstoff in der Luft sind verantwortlich für die leuchtenden Farben. Die grüne Farbe entsteht, wenn Teilchen mit Sauerstoff zusammenstoßen, während Blau und Violett durch Kollisionen mit Stickstoff entstehen. In Kanada, Nordeuropa und auf Island lassen sich Polarlichter am besten beobachten.

Selen

34 Se

Das Halbmetall existiert in zwei Reinformen – als rotes Pulver und als hartes, graues Metall. Mit Selen kann man die Farbe von Glas verändern und Solarzellen beschichten. Seine Verbindungen sind in vielen Alltagsprodukten wie Anti-Schuppen-Shampoos und Fotokopierern enthalten.

Metallischer Glanz auf grauem Selen

Reines, graues Selen, hergestellt im Labor

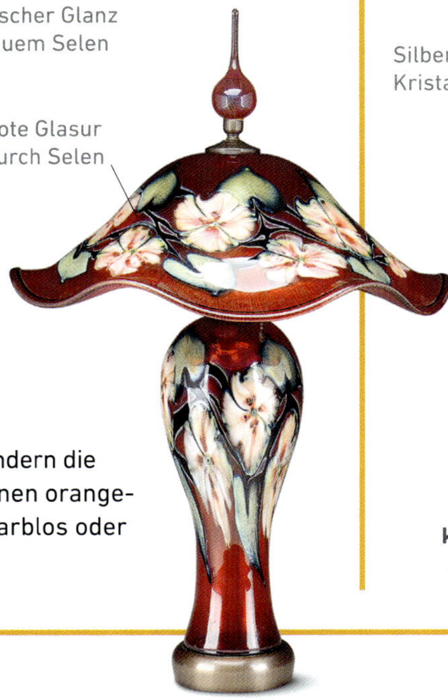

Rote Glasur durch Selen

Buntes Glas →

Bestimmte Selenverbindungen verändern die Farbe von Glas – einige erzeugen einen orangeroten Ton, durch andere wird Glas farblos oder auch hell rubinrot bis rosa.

Tellur

52 Te

Das seltene Element Tellur trägt den Namen der römischen Gottheit der mütterlichen Erde, *Tellus*. Es ist wie Selen ein giftiges Halbmetall mit einem kräftigen, knoblauchartigen Geruch. Es wird viel in der Industrie verwendet, z. B. für Glasfaserkabel und Halbleiter.

Silberne, weiße Kristalle

Reine Tellurkristalle, hergestellt im Labor

Schwefel

16 S

Das Element wurde früher als Bestandteil des „Steins der Weisen" angesehen – einer legendären Substanz, die gewöhnliche Metalle in Gold verwandeln sollte. Daher wurde es von frühen Alchemisten viel genutzt. In der Reinform bildet das Nichtmetall gelbe Kristalle und ist bekannt für seinen fauligen Geruch. Schwefel unterstützt die Gesundheit, weil er Bakterien abtötet. In der Industrie wird er zu Schwefelsäure verarbeitet.

Laborprobe aus reinem Schwefelgranulat

Coelestin →

Schwefel ist überall auf der Erde in Reinform und in Verbindungen vorhanden. Die Schwefelverbindung Strontiumsulfat ist in Coelestin, einem kristallinen Mineral, enthalten.

↑ Zur Abwehr

Werden Stinktiere von einem Raubtier bedroht, drehen sie sich um und bespritzen den Jäger mit mehreren Schwefelverbindungen. Die Verbindungen heißen Thiole und gehören zu den Alkoholen. Sie riechen faulig und reizen Augen und Lunge des Angreifers.

Gelbe Schwefelablagerungen

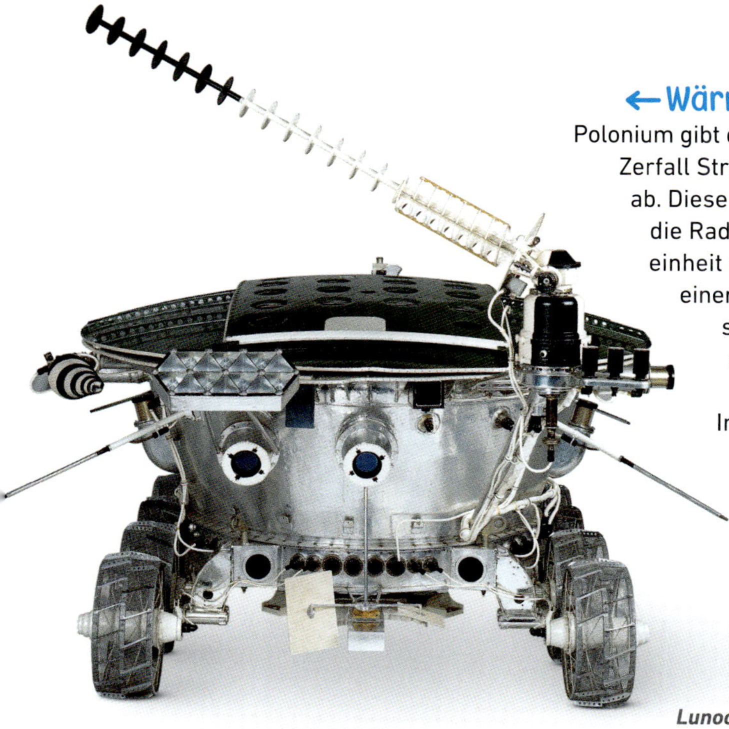

←Wärme erzeugen

Polonium gibt durch radioaktiven Zerfall Strahlung und Wärme ab. Diese Wärme trieb 1970 die Radioisotopenwärmeeinheit von *Lunochod 1* an, einem ferngesteuerten, sowjetischen Rover auf dem Mond. Die Einheit hielt die Instrumente nachts auf Betriebstemperatur, wenn die Umgebung auf −173 °C abkühlte.

Lunochod 1 **Mondrover**

Polonium

84
Po

Das Element wurde nach Polen benannt, dem Geburtsland von Marie Curie, denn sie war die Chemikerin, die Polonium entdeckt hatte. Das silbergraue Halbmetall ist hochradioaktiv und wurde dazu genutzt, Raumsonden warm zu halten. Polonium wird ebenfalls in der Forschung eingesetzt.

Livermorium

116
Lv

Das künstliche, schwere Element erhielt 2012 seinen Namen. Es entstand 2000, nachdem in einem Teilchenbeschleuniger Curium mit Calciumatomen beschossen wurde. Diese Arbeiten leisteten russische Forscher am Vereinigten Institut für Kernforschung in Dubna (Russland) und amerikanische Forscher am Lawrence Livermore National Laboratory in Kalifornien (USA). Livermorium ist nach dem US-amerikanischen Labor benannt. Weil erst wenige Atome erzeugt wurden, wird dieses Element außerhalb der Forschung nicht verwendet.

Schwefelquellen↓

Vulkanische heiße Quellen sind häufig eine natürliche Quelle von Schwefel. Das heiße Wasser der Quellen entsteht durch vulkanische Aktivitäten im Boden. Wenn Wasser die Oberfläche erreicht, führt es gelöste Schwefelminerale mit. Bei dieser Quelle in der Nähe des Vulkans Dallol (Äthiopien) haben sich Schwefel und Mineralien als gelbe Kruste abgelagert.

Saurer Regen→

Bei der Verbrennung fossiler Brennstoffe wie Kohle werden u. a. Schwefel und Stickstoffverbindungen freigesetzt. Diese reagieren in der Luft mit Sauerstoff und Wasser zu Säuren, die dann als Regen auf den Boden fallen. Saurer Regen kann Steine auflösen – Statuen und Gebäude aus Kalk und Marmor sind besonders anfällig für diese Art der Korrosion.

Verwitterte Kalkstatue von König Charles II. an der Lichfield Cathedral, Staffordshire (England)

Vulkanisierung→

Gummi wird durch Zugabe von Schwefel härter, biegsamer und haltbarer. Den Prozess nennt man Vulkanisierung. Vulkanisierter Gummi ist bis zu zehnmal fester als natürlicher. Fahrzeugreifen, Bowlingkugeln und Gummischläuche bestehen daraus.

Heiße Quellen in der Danakil-Senke (Äthiopien)

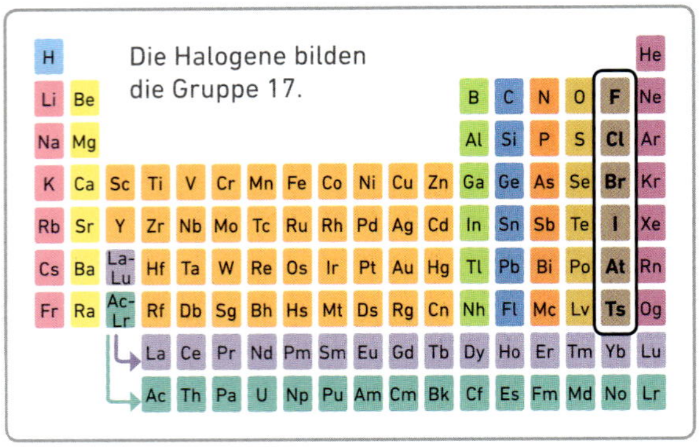

Die Halogene bilden die Gruppe 17.

Halogene

Das Wort Halogen bedeutet „Salzbildner". Elemente dieser Gruppe bilden Salze, wenn sie mit Metallen reagieren. Lithiumbromid ist beispielsweise eine Verbindung des Halogens Brom mit dem Metall Lithium, während Natriumchlorid, auch Kochsalz genannt, aus Chlor und Natrium besteht. Die ersten vier Mitglieder dieser Gruppe – Fluor, Chlor, Brom und Iod – sind sehr reaktionsfreudig, Astat dagegen weitaus weniger. Die Chemie von Tenness, des Elements 117, dessen Existenz 2016 bestätigt wurde, ist noch völlig unbekannt.

Würfelförmige Kristalle

↑Halit
Chlor kann durch Elektrolyse aus dem Mineral Halit gewonnen werden. Löst man Halit in Wasser und leitet Strom durch dieses, steigt Chlorgas auf. Große Mengen Chlor befinden sich in Form von Salzen in allen Weltmeeren, sodass der Vorrat beinahe unerschöpflich ist.

Chlor

17
Cl

Das Halogen hat eine nützliche und eine gefährliche Seite. Es spielt eine wichtige Rolle für die Wasseraufbereitung und ist gleichzeitig ein giftiges Gas. Als reines Element wird es fast ausschließlich als Desinfektionsmittel im Schwimmbad verwendet. Chlorverbindungen hingegen sind in Industrieprozessen weit verbreitet, z. B. zur Herstellung von Medikamenten.

←Gewöhnliches Salz
Kochsalz kommt in seiner natürlichen Form als kristallines Mineral vor, das nach dem Abbau gereinigt wird. Es ist auch als Steinsalz bekannt. Der wissenschaftliche Name ist Natriumchlorid.

Dieses Röhrchen zeigt den Chlorgehalt des Wassers an. Dabei enthalten dunklere Proben mehr Chlor als hellere.

Dieses Röhrchen zeigt den pH-Wert des Wassers an. Gelbe Proben haben einen niedrigeren pH-Wert und sind saurer.

←Sauberes Wasser
Mit chlorhaltigen Substanzen wird das Wasser in Schwimmbädern desinfiziert. Chlor tötet Bakterien und stabilisiert den Säuregehalt. Dieser wird mit dem pH-Wert auf einer Skala von 0 bis 14 gemessen. Ein pH-Wert von 7,4 bis 7,6 ist ideal. Ist er zu hoch oder zu niedrig, kann das Wasser die Haut schädigen und Augen reizen.

Fluor

9
F

Das reaktionsfreudigste Halogen ist Fluor, das gleichzeitig gefährlich instabil ist. Es reagiert heftig mit Metallen, Wasserstoff und Wasser und sogar auch mit einigen Edelgasen, die normalerweise inert, das heißt reaktionsträge, sind.

←Fluorit

Das natürliche Mineral nennt man auch Flussspat und es besteht aus Calciumfluorid. Wenn Fluorit mit Schwefelsäure reagiert, entsteht dabei Wasserstofffluorid. Diese Verbindung ist die wichtigste Fluorquelle der Industrie.

Verunreinigungen färben den Kristall grün.

Fluorid↓

Einige Fluorverbindungen spielen eine wichtige Rolle bei der Zahnreinigung. Fluoride verhindern als ungefährlicher Zusatz in Zahnpasten und bei der Trinkwasserversorgung Zahnfäulnis (Karies), weil sie den Zahnschmelz stärken.

Dieses Poster aus der Zeit um 1950 zeigt einen Elefanten, der mit DDT Moskitos bekämpft.

←Tödliches Pestizid

Von 1940–1960 wurde die Chlorverbindung DDT (Dichlordiphenyltrichloroethan) oft als Pestizid gegen Insekten eingesetzt. Doch es schädigte auch Tiere und Menschen, sodass es in den USA 1972 verboten wurde. Heute ist DDT fast überall verboten oder streng reguliert. Es wird nur noch vereinzelt gegen die Moskitos eingesetzt, die Malaria übertragen.

Diese stabilen Rohre für den Hausbau bestehen aus PVC.

↑Ein unersetzlicher Kunststoff

Polyvinylchlorid (PVC) gehört zu den wichtigsten Chlorverbindungen weltweit. Der Kunststoff wird in und um Gebäude vielfach verwendet, z. B. für Wasserrohre und Gartenmöbel, aber auch für wasserfeste Kleidung.

Die Sohlen mancher Laufschuhe enthalten Chlorverbindungen.

Sehr stabiler, chlorhaltiger Kunststoff

Bleichmittel auf Chlorbasis

Bleichmittel→

Papierprodukte wie Windeln, Taschentücher und Kopierpapier werden mit einer Chlorverbindung hell weiß gebleicht. Bleichmittel gegen Krankheitserreger für den Haushalt enthalten die Chlorverbindung Natriumhypochlorit.

Brom

35 **Br**

Das dritte Halogen ist eine auffällige, rot-braune Flüssigkeit. Es ist eins von nur zwei Elementen, die bei Raumtemperatur flüssig sind. Das andere Element ist Quecksilber. Brom ist giftig und muss daher mit Vorsicht benutzt werden. Seinen Namen hat es vom griechischen Wort *bromos*, das „Gestank" heißt – ein Hinweis auf seinen unangenehmen Geruch.

Verdampftes Brom

Ein Tropfen flüssiges Brom ist bei Raumtemperatur entstanden.

Reines Brom in einer Glaskugel

← Medizinisches Salz

Kaliumbromid gleicht dem normalen Kochsalz und wurde im späten 19. Jh. als Schlafmittel genutzt. Heute behandeln Tierärzte damit Krämpfe bei Hunden.

Weiße, salzartige Kristalle

Bromviolett →

Tyrrhenisches Violett ist ein natürlicher Farbstoff, den einige Meeresschnecken absondern. Er enthält eine Bromverbindung. Im alten Rom war er sehr teuer und violette Stoffe somit ein Zeichen des Wohlstands.

Mit tyrrhenischem Violett gefärbter Stoff.

Fresko aus der Mysterienvilla in der alten römischen Stadt Pompeji (Italien)

Bild aufnehmen →

Da Silberbromid sehr lichtempfindlich ist, wird es für die Schwarz-Weiß-Fotografie genutzt. Filme mit einer Silberbromidschicht ändern ihre Farbe, wenn sie belichtet werden. Dadurch entsteht ein Bild, das anschließend zum Foto entwickelt wird.

Bei Belichtung wird das Bild dunkler.

Muride ↓

Der französische Chemiker Antoine-Jérôme Balard (1802–1876) entdeckte Brom und nannte es ursprünglich Muride. Der Name beruhte auf *muria*, dem lateinischen Wort für Salzwasser, denn Balard hatte das Element aus dem Meer gewonnen.

Das Tote Meer im Nahen Osten enthält sehr viel Brom.

Iod

53 **I**

Der Name Iod stammt vom griechischen Wort *iodes*, das „Violett" heißt. Beim Erwärmen wird aus dem festen Halogen direkt violetter Dampf, ohne vorher flüssig zu werden – diesen Prozess nennt man Sublimation. Iod spielt eine wichtige Rolle bei der Produktion des Hormons Thyroxin, das Körperfunktionen wie das Wachstum reguliert.

Reines Iod in einer Glaskugel

← Algenkost

Die meisten Algen enthalten große Mengen Iod. Japaner nehmen viel Iod auf, weil Algen häufig zu japanischen Mahlzeiten gehören.

Sonnenbrille →

Polarisierte Sonnenbrillen sind dünn mit einer Iodlösung beschichtet, die den grellen Sonnenglanz vermindert. Viele Skifahrer nutzen sie, weil der weiße Schnee das Sonnenlicht so stark reflektiert, dass sie ohne die Brille weniger sehen.

Astat

85 **At**

Das hochradioaktive Element kommt nur sehr selten vor. Sein Anteil in der Erdkruste wird auf weniger als 30 g geschätzt. Der italienisch-amerikanische Physiker Emilio Gino Segrè (1905–1989) teilte sich 1940 die Entdeckung von Astat mit den US-amerikanischen Physikern Dale R. Corson und Kenneth Ross MacKenzie.

Emilio Gino Segrè →

Neben der Entdeckung von Astat hat Segrè auch das Element Technetium entdeckt. Er erhielt 1959 den Nobelpreis für Physik für seine Entdeckung des Antiprotons. Das Teilchen hat die gleiche Masse wie ein Proton, ist aber elektrisch negativ geladen.

Tenness

117 **Ts**

Im November 2016 wurde das Element 117, Tenness, nach dem amerikanischen Bundesstaat Tennessee benannt. Hier steht das Oak Ridge National Laboratory, das bei der Forschung zur Entdeckung dieses Elements eine bedeutende Rolle spielte.

Ein Kernreaktor am Oak Ridge National Laboratory (Tennessee, USA)

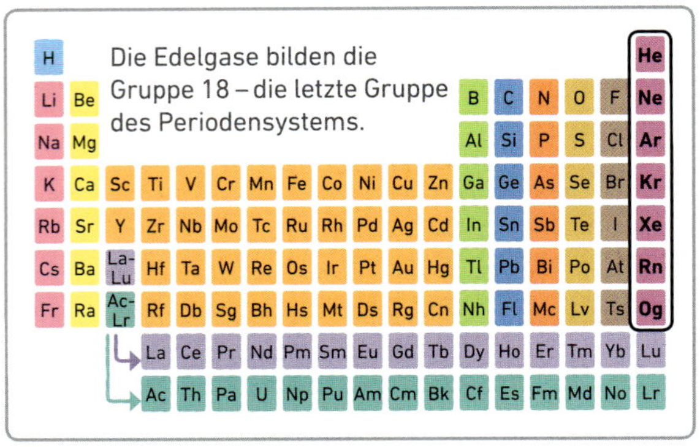

Die Edelgase bilden die Gruppe 18 – die letzte Gruppe des Periodensystems.

Edelgase

Weil sie farblos, geruchlos, geschmacklos und größtenteils sehr reaktionsträge sind, ließen sich Edelgase nicht leicht identifizieren. Doch nachdem 1894 die britischen Chemiker Morris William Travers (1872–1961) und William Ramsay (1852–1916) zunächst das Argon entdeckten, folgte bald darauf Helium, Krypton, Neon und Xenon und eine neue Gruppe im Periodensystem wurde eingeführt.

Diese Heliumprobe lagert in einer Glaskugel.

Helium ist ein farbloses Gas, das unter Strom violett leuchtet.

Helium

2 He

Obwohl das Element im Universum häufig vorkommt, findet man Helium auf der Erde kaum. Die Sonne und die Sterne enthalten viel Helium, das bei der Kernfusion von Wasserstoffatomen entsteht. Dabei werden massive Energiemengen freigesetzt. Auf der Erde entsteht Helium auf natürliche Weise durch radioaktiven Zerfall.

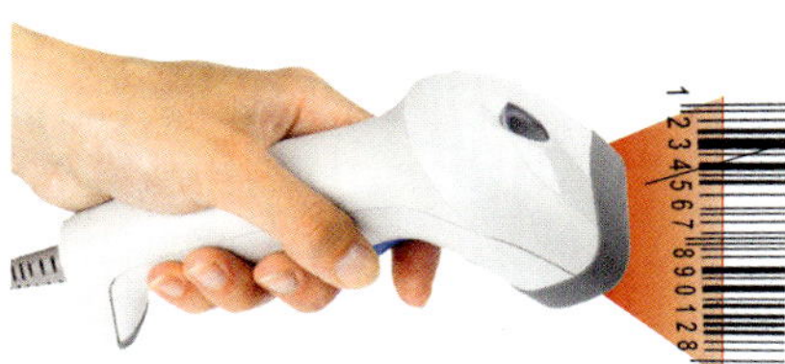
Ein Helium-Neon-Laserstrahl leuchtet rot.

↑ Codes scannen

Barcodes bestehen aus einer Reihe schwarzer Linien. Sie speichern Daten über ein Produkt. Bestimmte Geräte, die Barcodescanner, können die Codes entziffern. Sie arbeiten mit Laserstrahlen aus Helium und Neon. Diese effizienten Laser verbrauchen nur wenig Energie und werden in Supermärkten und im Einzelhandel weltweit eingesetzt.

Wetterballons sammeln in großer Höhe Daten über Wind und Luftdruck.

Höhe →

Helium wird z. B. in Wetterballons genutzt, weil es leichter als Luft ist. Im Gegensatz zu Wasserstoff ist Helium nicht entflammbar und deshalb viel sicherer.

↑ Extreme Heliumsterne

Im Gegensatz zu anderen Sternen, die vorwiegend aus Wasserstoff bestehen, enthalten extreme Heliumsterne wie Wolf-Rayet 124 (oben) bis zu 85 % Helium. Wolf-Rayet 124 ist ein massereicher Stern im heißen Nebel M1-67. Diese Sterne enthalten auch Kohlenstoff, Stickstoff, Sauerstoff, Aluminium und andere Elemente.

Kühlung ↓

In einem Teilchenbeschleuniger (einer Maschine, in der Teilchen in hohem Tempo zusammenstoßen) werden Elektromagnete mit flüssigem Helium gekühlt. Der Large Hadron Collider (LHC) am CERN, der Europäischen Organisation für Kernforschung, in der Nähe von Genf (Schweiz) ist der weltweit größte Teilchenbeschleuniger. Sein unterirdischer, kreisförmiger Tunnel ist 27 km lang.

Im LHC kühlt flüssiges Helium Elektromagnete auf –271,3 °C.

Diese Neonprobe wird in einer Glaskugel gelagert. Unter Strom glüht das sonst farblose Gas rot-orange.

Neon

10 Ne

Neon ist wahrscheinlich das bekannteste Edelgas, weil es für Neonleuchten genutzt wird. Es ist sehr reaktionsträge. Wie Helium ist das unsichtbare Gas im Universum weit verbreitet, auf der Erde aber selten. Im Gegensatz zu Helium, das man auch in Erdgas findet, kommt Neon nur in der Luft vor. Es wird durch die Verflüssigung von Luft gewonnen. In der Industrie dient Neon als Kühlmittel oder wird zu Leuchtstoffröhren verarbeitet.

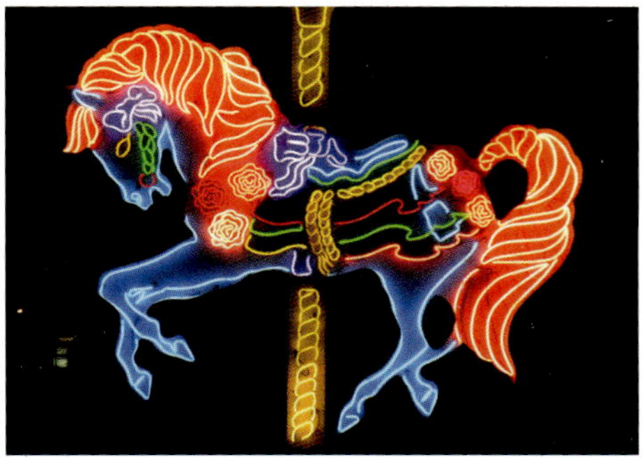

↑ Neonleuchten

Mit Neon gefüllte Glasröhren werden für rote Beleuchtungen und Reklamen eingesetzt. Helium leuchtet gelb, Argon violett und Quecksilber blau.

Argon

18 Ar

Der Name des Elements kommt von *argos*, dem griechischen Wort für „träge". Das Gas reagiert mit keinem anderen Element. Es wird deshalb in Industrieprozessen eingesetzt, die eine stabile Umgebung brauchen. Weil Argon keine Wärme leitet, wird es häufig als Füllgas in Doppelglasfenstern verwendet. Außerdem schützt es den Gummi in Autoreifen.

Argon glüht blass violett, wenn Strom durch das Gas fließt.

Reines Argon in einer Glaskugel

Nichtinvasive Chirurgie →

Die Laserchirurgie erfordert keine Schnitte, sodass die betroffenen Stellen schneller heilen. Für Operationen an der Netzhaut wird ein blauer Argonlaser verwendet.

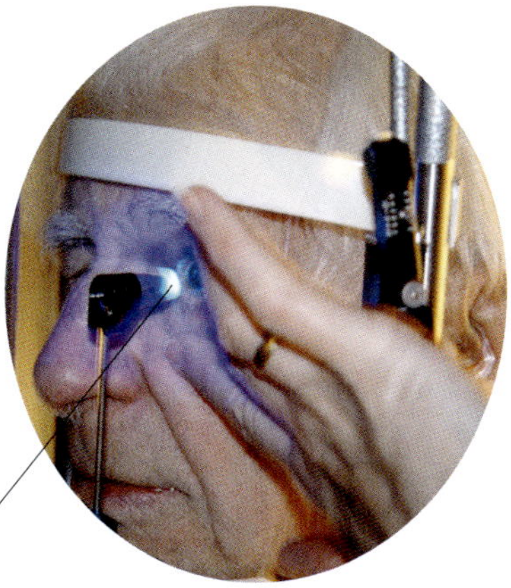

Ein blauer Argonlaser zielt auf die Netzhaut.

← Feuerlöscher

Mit Argon-Feuerlöschern werden Brände in elektrischen Anlagen und Geräten bekämpft. Das Gas beschädigt diese nicht durch Ablagerungen. Diese Feuerlöscher sind in Serverzentren und Datenräumen ebenso oft anzutreffen wie in Museen, Archiven und Labors.

Krypton

36 Kr

Der Name des farb- und geruchlosen Gases Krypton bedeutet im Griechischen „verborgen". Es spielt eine wichtige Rolle auf Flughäfen, weil die Lichter an den Landebahnen meistens mit diesem Gas gefüllt sind. Da Krypton-Glühlampen hell weiß leuchten, dienen sie als Beleuchtung in der Hochfrequenzfotografie.

Landebahnlichter mit Krypton

Xenon

54
Xe

Wie die anderen Edelgase ist Xenon ein reaktionsträges, farb- und geruchloses Element. Unter Hochspannung leuchtet es auffällig blau, was es zu einem wertvollen Bestandteil in Autoscheinwerfern und Studiobeleuchtungen macht. Einige Raumsonden haben Xenon-Schubdüsen, mit denen sie ihren Kurs korrigieren.

Reines Xenon in einer Glaskugel

↓Lichter an

Filmstudios haben Xenonlampen, weil sie am ehesten dem Tageslicht gleichen. Für Spezialeffekte bei Filmaufnahmen werden sie verwendet, weil sie intensive, gerade Lichtstrahlen erzeugen.

Die Raumsonde *Dawn* hatte beim Start 425 kg Xenon an Bord.

Computergrafik der NASA-Raumsonde *Dawn*

←Treibstoff

Xenon dient als Treibstoff für Schubdüsen. Es ist inert und in gepresster Form einfach zu lagern. Die schweren Atome erzeugen im Vergleich zu anderen Treibstoffen mehr Schubkraft.

Radon

86
Rn

Als Produkt des Zerfalls von Uran und anderen radioaktiven Elementen ist Radon das einzige natürlich vorkommende radioaktive Edelgas. Das Element ist nur in winzigen Mengen in der Luft enthalten und trotzdem für den größten Teil der Strahlung auf der Erde verantwortlich. An vulkanischen Quellen und geothermischen Kraftwerken ist der Radongehalt höher.

Das Wasser dieser heißen Quelle enthält Radon.

←Heiße Quellen

Radon entweicht aus heißen Quellen zusammen mit anderen Gasen wie Kohlendioxid und Schwefeldioxid. Zwar wird Radon von einigen Umweltbehörden als giftig eingestuft, aber manche Gesundheitssuchende baden dennoch in diesen Gewässern.

Glaskugel mit Radon und Luft

Radonrückstand

Radioaktive Materialien in diesem Mineral zerfallen und emittieren Radon.

Uraninit

Oganesson

118
Og

Da von dem hochradioaktiven Element erst wenige Atome erzeugt wurden, weiß man nicht viel über Oganesson. Manche Forscher vermuten, dass es bei Zimmertemperatur fest ist, andere halten Oganesson für ein inertes Edelgas. Russische und US-amerikanische Forscher entdeckten es in Dubna (Russland). Das Element ist nach dem Leiter der Gruppe benannt: Juri Oganesjan.

Der russische Forscher Juri Oganesjan

Neugierig geworden?

Für einen hautnahen Einblick in die Welt der Chemie bietet sich insbesondere der Tag der offenen Tür in der Chemie an. Seit 1990 findet dieser Tag in unregelmäßigen Abständen in Deutschland in der chemisch-pharmazeutischen Industrie statt. Viele Unternehmen und Forschungseinrichtungen öffnen in diesem Zusammenhang ihre Türen für Besucher.

↓Kinderuni

Viele Universitäten bieten neben dem Tag der offenen Tür auch Ferienprogramme für Kinder an. Im Rahmen der sogenannten Kinderuni werden Vorlesungen aus verschiedenen Fachbereichen gehalten, die speziell auf die junge Zielgruppe abgestimmt sind. Im Fachbereich der Chemie werden spannende Experimente durchgeführt, bei denen die Kinder mitmachen dürfen. Informiere dich im Internet darüber, was in deiner Umgebung angeboten wird.

Internetadressen

- Noch mehr Informationen und Abbildungen zu den einzelnen Elementen findest du hier.
  http://www.periodensystem.net/
- Sieh dir am Beispiel von Wasser an, was eine chemische Verbindung ist.
  http://www.majis.de/wasser-kinder/das-element-wasser
- Hier findest du Anleitungen für kleine Experimente, die du leicht zu Hause nachmachen kannst, und erfährst, welche chemischen und physikalischen Vorgänge dahinterstecken.
  https://www.kids-and-science.de/experimente-fuer-kinder

Besuche doch mal ...

LIEBIG-MUSEUM (GIESSEN)
Das Liebig-Museum war von 1824 bis 1852 das Labor des Chemikers Justus von Liebig. Es ist heute noch nahezu unverändert erhalten und zählt zu den wichtigsten Museen für die Geschichte der Chemie.

DEUTSCHES CHEMIE-MUSEUM MERSEBURG
Das in den 1990er-Jahren gegründete Museum umfasst u. a. einen riesigen Technikpark, der aus einer Sammlung aus Anlagen und Apparaten der chemischen Industrie des 20. Jh. besteht, und ein Science-Center, in dem Kinder- und Jugendliche in Laboratorien experimentieren können.

PHAENO (WOLFSBURG)
Seit 2005 werden im phaeno die Sinne der Besucher an über 350 außergewöhnlichen Experimentierstationen auf die Probe gestellt. An erster Stelle steht hier die Eigenständigkeit der Besucher. Sie sollen interaktiv Erfahrungen sammeln und so den Geheimnissen verschiedenster Phänomene auf die Spur kommen.

EXTAVIUM (POSTDAM)
Das Mitmachmuseum Extavium umfasst mehr als 60 interaktive Exponate aus der Chemie, der Physik, der Biologie und weiteren Naturwissenschaften. Eigenes Ausprobieren erleichtert hier den Besuchern die komplexe Welt der Naturwissenschaften zu begreifen.

Glossar

Absorbieren Ein anderes Wort für „aufnehmen".

Aggregatzustand Die drei häufigsten Aggregatzustände sind fest, flüssig und gasförmig. In Feststoffen sind die Teilchen fest miteinander verbunden und nur wenig beweglich. In Flüssigkeiten sind sie locker verbunden und beweglicher. In Gasen sind sie nicht verbunden und frei beweglich.

Alchemie Im Mittelalter versuchten Alchemisten gewöhnliche Metalle in Gold umzuwandeln oder ein Mittel zu finden, das Unsterblichkeit verleiht. Daher ist Alchemie der Vorgänger der Chemie.

Alkalien Substanzen, die in Wasser gelöst eine Base bilden.

Atom Die kleinste Einheit eines Elements.

Atombombe Eine Bombe, die bei der Explosion gewaltige Energiemengen freisetzt und dadurch zu großer Zerstörung führt.

Atomkern Das dichte Zentrum eines Atoms, das aus Protonen und Neutronen besteht.

Atommasse Die Masse eines Atoms mit der Einheit u (atomare Masseneinheit).

Saxofon aus Bronze, einer Kupfer-Zinn-Legierung

Atomuhr Eine Uhr, die mithilfe von Licht und einzelnen Atomen sehr genau die Zeit anzeigt.

Base Eine korrosive (zersetzende) Substanz, die mit einer Säure zu Salz und Wasser reagiert. Basen nennt man auch Laugen.

Bindung Die Verbindung zwischen den Atomen, aus denen Moleküle bestehen.

Block Größere Gruppe im Periodensystem von Elementen mit ähnlichen Eigenschaften.

Brennstoffzelle Ein Gerät, das chemische Energie in Elektrizität umwandelt.

Dampf Ein Gas, das sich durch Kühlung oder unter Druck leicht in eine Flüssigkeit umwandeln lässt.

Drahtlos Übertragung von Informationen wie Text oder Sprache mithilfe elektromagnetischer Wellen (nicht über Kabel).

Elektrolyse Eine Technik, mit der Salze durch Elektrizität in einfachere Substanzen gespalten werden.

Elektron Ein negativ geladenes Teilchen, das um den Atomkern kreist.

Element Eine Substanz, die sich chemisch nicht weiter aufteilen lässt.

Emittieren Ein anderes Wort für „aussenden" oder „abgeben".

Erz Ein natürliches Gestein, das viele Mineralien enthält.

Essentielle Spurenelemente Elemente, ohne die Lebewesen nicht überleben können. Sie kommen in sehr geringen Mengen im Körper vor.

Extrahieren Ein anderes Wort für „herausziehen" oder „gewinnen".

Fossiler Brennstoff Eine Substanz wie Kohle oder Erdöl, die in der Erdkruste aus Überresten alter Organismen entstanden ist.

Fotosynthese Eine natürliche chemische Reaktion der Pflanzen, bei der Lichtenergie in chemische Energie umgewandelt wird.

Galvanisierung Der Prozess, bei dem Stahl elektrisch mit Zink beschichtet wird, um ihn vor Korrosion zu schützen.

Geothermisches Kraftwerk Ein Kraftwerk, das die Erdwärme zur Stromerzeugung nutzt.

Grünspan Eine grau-grüne Schicht, die entsteht, wenn Kupfer Luft ausgesetzt wird.

Gruppe Eine Spalte im Periodensystem mit Elementen, die meist ähnliche Eigenschaften haben.

Halbleiter Ein Material, das Elektrizität besser leitet als ein Isolator, aber schlechter als ein Metall.

Halbmetall Ein Element, das Eigenschaften von Metallen und Nichtmetallen aufweist.

Halbwertszeit Die Zeit, nach der die Hälfte eines radioaktiven Elements zerfallen ist. *Siehe* Kernzerfall

Inert Die Eigenschaft eines Elements oder einer Verbindung nicht leicht mit anderen Elementen chemisch zu reagieren.

Isolator Eine Substanz, die Elektrizität, Schall oder Wärme nicht leitet.

Kristalle des Elements Bismut

Ion Ein geladenes Atom, das ein oder mehrere Elektronen abgegeben oder aufgenommen hat.

Isotop Ein Atom eines Elements, das eine andere Anzahl Neutronen besitzt.

Katalysator Eine Substanz, die eine chemische Reaktion beschleunigt.

Kernreaktor Ein Reaktor, der aus radioaktiven Elementen Energie gewinnt.

Kernspaltung Ein Vorgang, bei dem Atomkerne schwerer Elemente in Bruchstücke gespalten werden.

Kernzerfall Ein natürlicher Prozess, bei dem Atomkerne radioaktiver Atome zerfallen oder sich in andere Atomkerne umwandeln.

Korrosion Die Zersetzung von Metallen durch chemische Reaktionen mit Substanzen aus der Umwelt. Rost entsteht z. B. durch Reaktionen zwischen Eisen, Wasser und Luft.

Legierung Eine Mischung aus zwei oder mehr Metallen.

Leitfähigkeit Die Fähigkeit einer Substanz, Elektrizität, Schall oder Wärme zu leiten.

Rost an einem Motorrad, Beispiel für Korrosion

Löslich Die Eigenschaft einer Substanz, sich in einem Lösungsmittel (meist Wasser) aufzulösen.

Metall Ein Element, das Elektrizität und Wärme gut leitet und sich verformen lässt.

Mikrochip Eine Steuereinheit in Computern und anderen elektronischen Geräten, die aus sehr vielen elektronischen Schaltungen auf einer dünnen Halbleiterscheibe besteht. Sie wird auch als „integrierter Schaltkreis" bezeichnet.

Mineral Eine von Natur aus in der Erdkruste vorkommende chemische Verbindung.

Mischung Zwei oder mehrere Stoffe, die keine chemische Bindung eingehen. Sie lassen sich meist leicht trennen.

Molekül Eine Verbindung aus zwei oder mehreren Atomen, die eine chemische Bindung eingegangen sind.

Neutron Ein neutrales, subatomares Teilchen im Atomkern.

Orbital Eine kugelförmige Bahn oder Schale um einen Atomkern, in der die Elektronen kreisen.

Ordnungszahl Sie gibt die Zahl der Protonen in den Atomen eines Elements an. Die Reihenfolge der Elemente im Periodensystem richtet sich nach dieser Zahl.

Organische Chemie Ein Gebiet der Chemie, das sich mit Kohlenstoff und seinen Verbindungen beschäftigt.

Oxidation Eine chemische Reaktion von Sauerstoff mit anderen Elementen.

Oxide Bestimmte Moleküle, die Sauerstoff enthalten.

Periode Eine Reihe im Periodensystem mit Elementen, die häufig unterschiedliche Eigenschaften besitzen.

pH-Skala Eine Zahlenskala, die angibt, ob eine Substanz eine Säure oder eine Base (Lauge) ist. Substanzen mit einem pH-Wert unter 7 sind sauer, der pH-Wert 7 ist neutral und höhere ph-Werte zeigen Basen an.

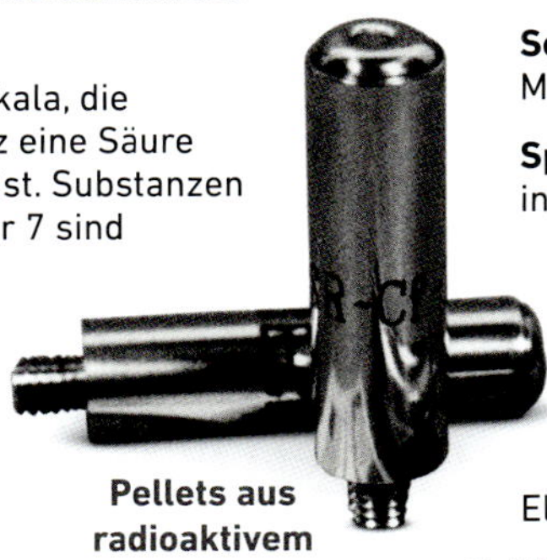

Pellets aus radioaktivem Californium

Porös Ein Material mit winzigen Öffnungen, durch die Flüssigkeiten sickern können.

Proton Ein positiv geladenes Teilchen im Atomkern.

Fluorit ist ein Mineral, das Fluorverbindungen enthält.

Radioaktivität Ein natürlicher Vorgang bei instabilen Atomkernen, die spontan Strahlung oder Teilchen aussenden und dabei zerfallen.

Reaktivität Reaktive Substanzen reagieren sehr leicht.

Röntgenstrahlen Unsichtbare elektromagnetische Strahlen mit sehr kurzen Wellenlängen. Röntgenstrahlen dringen durch menschliches Gewebe, jedoch nicht durch Knochen. Sie zählen zu den bildgebenden Verfahren in der Medizin.

Salz Eine Verbindung aus einem positiv geladenen und einem negativ geladenen Ion (Kation und Anion). Bei anorganischen Salzen bilden Metalle die Kationen und Nichtmetalle die Anionen. Natriumchlorid (Kochsalz) ist das bekannteste Salz.

Säure Eine korrosive (zersetzende) Substanz, die mit einer Base zu Salz und Wasser reagiert.

Schmelzpunkt Die Temperatur, bei der ein Feststoff so viel Wärme aufgenommen hat, dass er flüssig wird.

Schmiedbarkeit Die Eigenschaft eines Metalls sich verformen zu lassen.

Spannung Die Stärke einer Stromquelle in einem elektrischen Schaltkreis.

Strahlung Freisetzung von Energie durch Wellen oder Teilchen.

Subatomare Teilchen Die Teilchen, aus denen Atome bestehen. Zu ihnen zählen Protonen, Neutronen und Elektronen.

Sublimation Der direkte Übergang vom festen in den gasförmigen Aggregatzustand, ohne das Zwischenstadium des flüssigen Zustands.

Superlegierung Eine Mischung aus zwei oder mehr Metallen, die extreme Temperaturen und hohen Druck aushält.

Temperatur Ein Maß für die Wärme einer Substanz, die mit einer Skala gemessen wird.

Verbindung Eine Substanz aus zwei oder mehreren Elementen, die miteinander verbunden sind.

Verbrennung Eine chemische Reaktion, bei der ein Brennstoff mit Zufuhr von Sauerstoff reagiert.

Die Blätter des Triebwerks bestehen aus einer Rhenium-Superlegierung.

Ultraviolette Strahlen Unsichtbare elektromagnetische Strahlen mit kurzen Wellenlängen. Sie heißt „ultraviolett", weil sie im elektromagnetischen Spektrum hinter dem violetten Ende des sichtbaren Lichts erscheint.

Zyklotron Ein Teilchenbeschleuniger, bei dem bestimmte Teilchen in einer spiralförmigen Bahn beschleunigt und zertrümmert werden.

Register

Dank und Bildnachweis

Der Verlag dankt Rajesh Singh Adhikari für Farbkorrekturen und Nishwan Rasool für zusätzliche Bildrecherche.

Der Verlag dankt den folgenden Personen und Organisationen für die freundliche Genehmigung zum Abdruck von Fotos:

(Abkürzungen: o = oben; u = unten; m = Mitte; g = ganz; l = links; r = rechts, Hg = Hintergrund)

1 Dorling Kindersley: Ruth Jenkinson/RGB Research Limited. 2 123RF.com: David Barnard (ur). Dorling Kindersley: Ruth Jenkinson/RGB Research Limited (gol, ul, mru). Dreamstime.com: Yehuda Bernstein (gor). 3 Getty Images: Viviane Ponti (ul). 4 Alamy Stock Photo: The Granger Collection (gom). Dorling Kindersley: Ruth Jenkinson/RGB Research Limited (mlu, ur). 5 Dorling Kindersley: Ruth Jenkinson/RGB Research Limited (ul). 7 123RF.com: Kubais (ur). Alamy Stock Photo: Science History Images (gom). 9 Alamy Stock Photo: The Granger Collection (um). 10 Dorling Kindersley: Ruth Jenkinson/RGB Research Limited (ml, m, mr, ul, um, ur). 11 Dorling Kindersley: Ruth Jenkinson/RGB Research Limited (mlo, mo, mr, ul, um, ur). 12 123RF.com: Utima (ur); Reinhold Wittich (mr). Dorling Kindersley: Ruth Jenkinson/RGB Research Limited (ul). 13 Alamy Stock Photo: PjrStamps (m); VintageCorner (ur). Getty Images: Gamma-Rapho/Tatsuyuki TAYAMA (ul). 14 123RF.com: Ramon Espelt Gorgozo (ur). Dorling Kindersley: Ruth Jenkinson/RGB Research Limited (ml). 15 Dreamstime.com: Gnomeandi (ur). Dorling Kindersley: Ruth Jenkinson/RGB Research Limited (gol). 16 123RF.com: Belchonock (ml); karan-daev (mgl); Kostic Dusan (ul). Alamy Stock Photo: Siim Sepp (mo). Dorling Kindersley: Ruth Jenkinson/RGB Research Limited (gom). 500px/Marc Lapointe (mru). 17 Alamy Stock Photo: David Leone Ganado (gor); Newscom (um). Dorling Kindersley: Ruth Jenkinson/RGB Research Limited (mlo, mlu, ur). 18 Dorling Kindersley: Ruth Jenkinson/Holts Gems (ml). NASA: MSFC/David Higginbotham (ur). 19 123RF.com: Georgios Kollidas (ul); Sergii Popov (um). Dorling Kindersley: Ruth Jenkinson/RGB Research Limited (mlo). Science Photo Library: GIPhotoStock (mr). 20 123RF.com: Steve Carroll (mr); Ben Gingell (ul). Dorling Kindersley: Ruth Jenkinson/RGB Research Limited (ml). Dreamstime.com: Yehuda Bernstein (go). 21 Alamy Stock Photo: US Marines Photo (ml). Dorling Kindersley: Ruth Jenkinson/RGB Research Limited (mu). Getty Images: Print Collector/Oxford Science Archive (ur). Science Photo Library: Biophoto Associates (mro); J. C. Revy (um). 22 Alamy Stock Photo: Shooterstack (mro). Dorling Kindersley: Ruth Jenkinson/RGB Research Limited (ul). Getty Images: Barcroft Media/Jefta Images (um). 23 123RF.com: Hapelena (um). Alamy Stock Photo: Oleksiy Maksymenko (ur). Dorling Kindersley: Ruth Jenkinson/RGB Research Limited (mlo). 500px/Maciej Sznek (gor). 24 123RF.com: Ruslan Gilmanshin (mu). Dorling Kindersley: Ruth Jenkinson/RGB Research Limited (mlo). Dreamstime.com: Nexus7 (mro). Getty Images: Viviane Ponti (ur). Rex Shutterstock: Glasshouse Images (gom). 25 Alamy Stock Photo: H. S. Photos (mo); Margo Harrison (mro). Dorling Kindersley: Ruth Jenkinson/RGB Research Limited (mru). Dreamstime.com: Radlovskyaroslav (ur). FLPA: Biosphoto/Nicolas-Alain Petit (ul, mlu). 26 123RF.com: David Barnard (mlo); Koosen (ul); Sandra van der Steen (mo); Chris Elwell (um). Dorling Kindersley: Ruth Jenkinson/RGB Research Limited (gom, mru). Dreamstime.com: Stockshooter (mro). 27 Alamy Stock Photo: Susan E. Degginger (ul). Dorling Kindersley: Ruth Jenkinson/RGB Research Limited (gom, gor). SuperStock: Age fotostock/Humbert (mo); Age fotostock/Phil Robinson (mro). 28 123RF.com: Nerthuz (mo). Dorling Kindersley: Ruth Jenkinson/RGB Research Limited (gom, ul, mru). Practicon www.practicon.com: (ur). 29 Dakota Matrix Minerals, photo by Tom Loomis: (mlo). Dorling Kindersley: Ruth Jenkinson/RGB Research Limited (gol, mu). Getty Images: Deniztuyel (ul). Science Photo Library: (mro). 30 Alamy Stock Photo: Ableimages (mlo); Dembinsky Photo Associates/Mark A. Schneider (gor). Dorling Kindersley: Ruth Jenkinson/RGB Research Limited (mo, ul, mu). 31 123RF.com: Mishoo (gor); Anton Starikov (gol). Dorling Kindersley: Ruth Jenkinson/RGB Research Limited (mu). Getty Images: De Agostini/DEA/R. Appiani (mlo). © Rolls-Royce plc: (um). Science Photo Library: Detlev van Ravenswaay (ur); Dirk Wiersma (mro). 32 Dorling Kindersley: Ruth Jenkinson/RGB Research Limited (ul); Natural History Museum, London/Tim Parmenter (gol). Dreamstime.com: Maloy 40 (mo). Science Photo Library: Gary Brown (mro). 33 123RF.com: Boris Stroujko (ul). Dorling Kindersley: Ruth Jenkinson/RGB Research Limited (ur). NASA: (ml). Numismatica Ars Classica NAC AG: Auction 59, lot 658 (mu). 34 Alamy Stock Photo: Science History Images (mlo). Getty Images: Bettmann (ul). Lawrence Berkeley National Laboratory: © 2010 The Regents of the University of California (mro). 35 Alamy Stock Photo: DPA Picture Alliance Archive (mr); Mieczyslaw Wieliczko (ur). Getty Images: Bettmann (um). Science Photo Library: Emilio Segre Visual Archives/American Institute Of Physics (mo). 36 Alamy Stock Photo: John Cancalosi (mro). Dorling Kindersley: Ruth Jenkinson/RGB Research Limited (m, ur). Science Photo Library. 37 Michael Brandon: (mro). Dorling Kindersley: Ruth Jenkinson/RGB Research Limited (gol, gor, ur). Science Photo Library. 38 Alamy Stock Photo: PjrStudio (ur). Dorling Kindersley: Ruth Jenkinson/RGB Research Limited (gom). Getty Images: Spaces Images (ul). Science Photo Library: Zephyr (mo). 39 Dorling Kindersley: Ruth Jenkinson/RGB Research Limited (mu, mr). Rex Shutterstock: Shutterstock/Mint Images (mlo). Science Photo Library. 40 Alamy Stock Photo: John Cancalosi (mo). Science Photo Library: Public Health England (mro). 41 Alamy Stock Photo: Natural History Museum (gor); Science History Images (mlo); Sciencephotos (ur). Dorling Kindersley: Ruth Jenkinson/RGB Research Limited (ul). 42 Dorling Kindersley: Ruth Jenkinson/RGB Research Limited (gol). Science Photo Library: Ned Haines (ml). 42–43 Alamy Stock Photo: Science History Images. 43 123RF.com: Victor Bouchard (gom). Getty Images: Walter Bibikow (m); Scientifica (gor). Science Photo Library: Detlev van Ravenswaay (ur). 44 Alamy Stock Photo: Ewing Galloway (ml); Keystone Pictures USA (u). US Department of Energy: (mr). 45 Alamy Stock Photo: Akademie (mro); Everett Collection Historical (gol); Heritage Image Partnership Ltd (ul); Science History Images (ur). 46–47 123RF.com: Senohrabek (u). 46 Alamy Stock Photo: Phil Degginger (ul). Dorling Kindersley: Ruth Jenkinson/RGB Research Limited (mlo, ml). 47 123RF.com: Bogdan Ionescu (mlo); Winterstorm (ml); Roman Samokhin (mu). Alamy Stock Photo: Simon Belcher (mr). 48 Alamy Stock Photo: Nobeastsofierce (u). Dorling Kindersley: Ruth Jenkinson/RGB Research Limited (gor). Getty Images: John B. Carnett (m). 49 123RF.com: Ratchanida Thippayos (mo). Dorling Kindersley: Ruth Jenkinson/RGB Research Limited (ul, mr, gom). Getty Images: The Asahi Shimbun (ur). 50 123RF.com: Oleksiy (mr). Dorling Kindersley: Ruth Jenkinson/RGB Research Limited (mu). Getty Images: Dimitri Otis (ml). Science Photo Library: James King-Holmes (ul). 50–51 Alamy Stock Photo: Palmer Photographics (u). 51 123RF.com: Aleksey Poprugin (mlo); Anton Starikov (ml). Depositphotos Inc: Crstrbrt (gor). Getty Images: Hans-Peter Merten (mr). iStockphoto.com: Kerrick (gom). 52 Alamy Stock Photo: NPC Collection (mlo); Sputnik (ur); Traveler (gor). Dorling Kindersley: Ruth Jenkinson/RGB Research Limited (gom, mu). Rice University: Jeff Fitlow (ul). 53 123RF.com: James Blinn (ur); mipan (um). Dorling Kindersley: Ruth Jenkinson/RGB Research Limited (mlo); Dave King/Durham University Oriental Museum (ml). 54 Dorling Kindersley: Ruth Jenkinson/RGB Research Limited (mr). 54–55 Alamy Stock Photo: Ernie Janes (u). 55 123RF.com: Ayphoto (mro). Alamy Stock Photo: Ro-bert Clayton (ur). 56 Alamy Stock Photo: Science History Images (mr); Universal Images Group North America LLC/DeAgostini (mu). Dorling Kindersley: Ruth Jenkinson/RGB Research Limited (mlo). Getty Images: Morley Read (ul). 57 123RF.com: Aleksandar Mijatovic (mu). Alamy Stock Photo: Pictorial Press Ltd (mro). Dorling Kindersley: Ruth Jenkinson/RGB Research Limited (mlo, ul). Getty Images: Universal History Archive (gom). 58 123RF.com: Wavebreak Media Ltd (mru). Dorling Kindersley: Ruth Jenkinson/RGB Research Limited (ml). Getty Images: Georgette Douwma (ul). 59 123RF.com: sin32 (ur). Alamy Stock Photo: Falkensteinfoto (gor); Image Source (mu); The Granger Collection (gom). Getty Images: Harry Kikstra (gol). 60 Dorling Kindersley: Ruth Jenkinson/RGB Research Limited (mlo, ul, mro). Jocelyn Rastel Lafond: (mru). Photo James D. Julia Auctioneers, Fairfield, Maine, USA www.jamesdjulia.com: Lamp by Charles Lotton "Multi Flora" 1993 (mo). 60–61 Getty Images: Barcroft Media/Massimo Rumi (u). 61 123RF.com: photo5963 (mru). Getty Images: Photofusion (mu). 62 Alamy Stock Photo: Brian Elliott (um). 63 123RF.com: Hieng Ling Tie (mro). Alamy Stock Photo: Paris Pierce (ml). Getty Images: Andy Sotiriou (mr). 64 123RF.com: Sean Pavone (u). Alamy Stock Photo: I. Glory (mr). Dorling Kindersley: Ruth Jenkinson/RGB Research Limited (gor). Getty Images: Soltan Frédéric (m). 65 123RF.com: Sergey Mironov (mro). Dorling Kindersley: Ruth Jenkinson/RGB Research Limited (gom). Dreamstime.com: Daniel Poloha/Spiderment (mlo). Getty Images: Keystone (um). Science Photo Library: Union Carbide Corporation's Nuclear Division, courtesy Emilio Segre Visual Archives, Physics Today Collection/American Institute of Physics (ur). 66 iStockphoto.com: (u); Dorling Kindersley: Ruth Jenkinson/RGB Research Limited (ml). ESA: Hubble & NASA Processed by Judy Schmidt (ul); 123RF.com: (m). Alamy Stock Photo: Keith Morris (mr). 67 Dorling Kindersley: Ruth Jenkinson/RGB Research Limited (gol). 500px/Henry Buchholtz (gor). 123RF.com: Scanrail (ul). Alamy Stock Photo: Roger Bamber (ur); ITAR-TASS Photo Agency (ur). Dorling Kindersley: Ruth Jenkinson/RGB Research Limited (mr). Science Photo Library: Antonia Reeve (ml). 68 Alamy Stock Photo: Gordon Mills (mr); Prill Mediendesign (gol). Dorling Kindersley: Ruth Jenkinson/RGB Research Limited (gor, ul). NASA: Christopher J. Lynch (Wyle Information Systems, LLC) (gom). Science Photo Library: Dirk Wiersma (mu). 69 123RF.com: Dmitriy Shironosov/pressmaster (gor). iStockphoto.com: Ableimages (ul). 70–71 123RF.com: Sean Pavone. Dorling Kindersley: Ruth Jenkinson/RGB Research Limited (m). 70 123RF.com: Ruslan Gilmanshin (u); Sandra van der Steen (mo). 71 © Rolls-Royce plc: (mr). US Department of Energy: (um).

Poster: *Vorn* (Periodensystem): Alamy Stock Photo: Aflo Co. Ltd. 113, dpa picture alliance archive 110, Everett Collection Historical 96, Ewing Galloway 84, 88, The Granger Collection (ul), Heritage Image Partnership Ltd 101, ITAR-TASS Photo Agency 118, Keystone Pictures USA 99, Science History Images 105, 97, 106, Sputnik 114; Bridgeman Images: Nicolaus Copernicus Museum, Frombork, Poland 112; Dorling Kindersley: Ruth Jenkinson/RGB Research Limited 1, 8, 3, 4, 11, 12, 2, 7, 10, 18, 5, 9, 13, 14, 15, 16, 17, 19, 20, 21, 22, 23, 24, 25, 26, 27, 28, 29, 30, 31, 32, 33, 34, 35, 36, 54, 37, 38, 39, 40, 41, 42, 43, 44, 45, 46, 47, 48, 49, 50, 51, 52, 53, 55, 56, 72, 73, 74, 75, 76, 77, 78, 79, 80, 81, 82, 83, 86, 57, 58, 59, 60, 62, 63, 64, 65, 66, 67, 68, 69, 70, 71, 90, 92; Fotolia: apttone 6; Getty Images: Bettmann 107, Bettmann, Gamma-Keystone 87, Keystone 85, Scientifica 94, Universal Images Group 104; Lawrence Berkeley National Laboratory: 103, © 2010 The Regents of the University of California 102; Science Photo Library: American Institute of Physics 100, Emilio Segre Visual Archive/American Institute of Physics 109, David Parker 108; US Department of Energy: 98.

Cover: *Vorn:* 123RF.com: olegdudko; *Hinten:* 123RF.com: cobalt (ml); Dreamstime.com: Dibrova (mr); *Rücken:* Fotolia: valdis torms (u).

Teste dein Wissen mit memo Wissen entdecken Quiz

978-3-8310-2495-7

978-3-8310-3334-8

978-3-8310-3195-5

978-3-8310-3456-7

978-3-8310-3455-0

978-3-8310-2493-3

978-3-8310-2629-6

978-3-8310-2725-5

978-3-8310-3530-4

978-3-8310-3198-6

978-3-8310-3335-5

978-3-8310-2726-2

978-3-8310-2375-2

978-3-8310-3197-9

978-3-8310-2913-6

978-3-8310-3196-2

Jeweils 100 Seiten • Spiralblock mit Gummiband • Ab 8 Jahren • € 6,95 [D] / € 7,20 [A]